JN246314

世界はなぜ過激化（ラディカリザシオン）するのか？

——歴史・現在・未来

ファラッド・コスロカヴァール

池村俊郎・山田寛 訳

藤原書店

Farhad KHOSROKHAVAR
RADICALISATION

世界はなぜ過激化（ラディカリザシオン）するのか？

目次

世界はなぜ過激化（ラディカリザシオン）するのか？

歴史・現在・未来

凡例

一　原書におけるイタリック体は、書名・紙誌名の場合『　』で、記事その他は「　」で、場合によっては傍点で示した。

一　原書の（　）及び《　》は、そのまま用いた。

一　原注は、該当語の右に（1）、（2）、……で示し、各章末に置いた。

一　訳注は〔　〕で示した他、該当語の右に＊1、＊2、……で示し、その見開き頁の左側に置いた。

〈日本語版　特別インタビュー〉

過激ジハード主義テロの本質にあるもの

原著者コスロカヴァール教授が研究拠点とする仏社会科学高等研究院（ＥＨＥＳＳ）は、十九世紀末の創設以来、フェルナン・ブローデルやクロード・レヴィ＝ストロースら世界的なフランス知識人を輩出してきた名門研究機関で知られる。パリ・セーヌ川に面した建物にはアカデミズム総本山の威厳を保ちつつも、各国研究者や学生が出入りする自由な空気が充溢している。ここに紹介するインタビューはＥＨＥＳＳで二〇一六年三月に行われ、教授の承諾を得て日本語版向けに内容を特別編集したものである。折しも前年一月、パリで起きた『シャルリ・エブド』誌襲撃事件と同年十一月パリ同時多発テロの惨劇を受けて、フランスでは非常事態宣言の緊張が続く一方、教授とのインタビュー直後に、イスラム過激派がブリュッセル空港と地下鉄を狙った連続自爆テロを起こした。さらに、七月には南仏ニースでも大規模なテロ惨劇が起きている。これらの事件は欧州テロ危機の深刻さを一段と印象づけるものだ。刑務所や都市郊外の現場調査を踏まえ、欧州のイスラム過激派の実像に迫る第一人者が、歴史、文化、宗教的な背景を俯瞰しながらここに提示する危機の全体図は、本書の内容を総括するのみならず、イスラム過激派が仕掛けた欧州危機の本質を知る恰好の序論となるはずである。

（聞き手・構成　池村俊郎）

パリを襲った自爆、乱射テロ事件

――パリを現場に世界を震撼させた都市型テロ事件が二〇一五年に相次いだ。いうまでもなく、一月に起きた風刺新聞『シャルリ・エブド』襲撃と十一月のパリ同時多発テロ事件だが、政治学者の中には風刺新聞の編集部襲撃には政治的狙いがあったのに比べ、十一月のテロは無差別なギャング的事件だと解釈する人がいる。教授の見解はどうか。

『シャルリ・エブド』襲撃は表現の自由への挑戦ととらえられ、フランスばかりか世界中で抗議デモが沸き起こった。パリ同時多発テロでは死者一三〇、負傷者三〇〇以上という前例のない規模の被害者を出す都市型無差別テロとなった。しかし、二つのテロ事件が一直線につながるわけではなく、明らかな違いもある。

まず、風刺新聞襲撃にはそれまで過激ジハード主義者がフランスで起こしてきたテロ事件と多くの共通点があった。たとえば、一九九五年にパリのサン・ミシェル駅で起きた爆弾テロや、二〇一二年に仏南西部トゥールーズで仏軍兵士やユダヤ人学校教師と児童が射殺された事件をあげよう。実行犯はいずれも大都市郊外の移民系住人が多い地区で育った「バンリューザール」と呼ばれる若者たちだった。彼らは社会において未来を閉ざされ、見捨てられ、拒絶されたと自覚した者たちだ。社会に対する報復をもくろみ、過激ジハード主義を掲げてテロへと突き進んだ。『シャルリ・エブド』事件の実行犯であったコアシ兄弟とアメディ・クリバリにもまた、同じ都市郊外育ちの「バンリューザール」という共通の背景があった。底辺の暮らしから犯罪に手を染め、刑務所を経て、そこで過激イスラム主義を介して仲間を得て、社会への報復をテロという暴力ではたす。そういう強い意思をもつ者たちだった。

ところが一〇か月後、パリを震撼させた連続多発テロの犯人たちには少し違う背景があった。中産階層の者が含まれており、パリ交通公団（RATP）に勤務し、公共バス運転手の経歴を持つ者さえいた。ベルギーの首都ブリュッセルにあってイスラム過激派の拠点とみられ始めたモレンビーク地区〔この地区はイスラム系住民が多く、二〇一五年十一月パリ同時多発テロ事件後、過激派拠点として有名になった。翌一六年三月ブリュッセル空港・地下鉄自爆テロでも犯行集団の拠点とみなされた〕

でバー経営にあたる兄弟が犯行に加担していた。フランスの大都市郊外に広がる貧困地区育ちというこれまでのテロ犯と違い、中流の暮らしをしていた者が内戦のイラクやシリアへ渡航して初めて過激化し、狂暴なテロ実行犯となったものだ。

しかも、これまでのフランス育ちの移民系若者というわけでもなかった。モロッコ系ベルギー人であったり、シリア難民に混じって欧州へ来た者であったりした。多様な背景をもつ者たちが過激ジハード主義を共通項にして復讐の惨劇に向けて自爆し、銃の引き金をひいた。背後関係がより複雑であったし、テロを計画したのがベルギー、標的の現場がパリ。だから仏情報・治安機関も容易に犯人を特定できなかった。フランスとベルギー、それに内戦中のシリア、イラクという複数の国が組み合わさった上に、「イスラム国（ＩＳ）」が背後でテロ集団を支えるという、国境を越えた構図になった。

第三にパリ同時多発テロには若い女が介在した。主犯格とされたアブデルハミド・アバウドという男を手助けしたといわれる従妹のアスナー・アイトブラセンは、犯行グループの宿を手配したりした。これまでもテロ犯の恋人の影があった例はある。しかし、共犯の形で若い女が犯行集団にいたのは初めてといってよい。若い女の過激ジハード主義者がテロ現場に出現したといえるだろう。過激化のフェミニザシオン（女の登場）といえる現象が始まっているのだが、これは改めて議論したい。

——同じようにパリを舞台にした二件のテロでも違いがあり、また、これまでのテロとも異なる特徴がみてとれるのだ、と。

パリ同時多発テロでは実行犯がフランス、ベルギー、シリア中東と国際的背景をもつ集団であったため、捜査当局や情報機関の弱点が露呈した。まず、欧州のイスラム過激派が急増しているのに対し、その動向監視にあたる各国の情報機関の要員補強が追いついていないのだ。

一九七〇年代末から八〇年代のソ連軍侵攻で始まったアフガニスタン戦争で欧州から参戦志願したジハード主義者はせいぜい一〇〇から一五〇。ところがシリア内戦でＩＳ側に飛び込んだ欧州の若者は五〇〇〇以上。フランス人だけでも一二〇〇人以上はいる。帰還する者も当然かなりの数になる。アメリカでは九・一一同時多発テロをきっかけに治安や情報収集のスタッフ強化を急いだが、フランスなど欧州ではそうなっていない。仮にシリアから帰還した者がいたとしよう。一人の動向監視に一五人のエージェントが必要になる。要員不足は監視網に致命的な欠陥を生んでいる。

統合欧州ではシェンゲン協定〔二〇一六年三月時点で欧州二六か国が協定を実施。加盟国を国境審査なしで自由に移動できる〕でテロ犯となりうる者にも自由な移動の原則が保障されている。にもかかわらず、欧州全体を統括する治安情報機関が存在しない。各国の機関が捜査協力を実施することはあっても、治安がらみの機密情報となると、共有は難しい。そうした機密情報とは国家主権と密接に繋がるものであり、他国と簡単に共有できないためだ。

フランスで若い「バンリューザール」にはもともと社会に対する恨みがあり、報復の意思がある。英仏の移民系の若者や青年にそうした傾向があるのに対し、ドイツではそれがない。英仏は旧植民地から移民を迎えたが、ドイツは六〇―七〇年代にトルコやモロッコから移民を受け入れた。いずれもドイツの植民地であったことはなく、移民の社会的立場も英仏とは異なる。英仏には、曖昧で明確にできないものの、植民地支配者と被支配者の関係というポスト・コロニアリズムの残滓がある。それが移民系の人々に内面化され、潜在化し、都市郊外の若者を過激化させていく心理的な温床となっている。これまでドイツではイスラム過激派の大きなテロ事件が起きてこなかった。歴史的な違いが関係しているだろう。

確かに風刺新聞襲撃を報道の自由、批判（風刺）の自由の原則に対する攻撃ととらえられなくはないし、それをテロ犯の政治的メッセージといえなくはないだろうが、十一月無差別テロではＩＳが過激主義の理論教育や爆弾取扱いなど物心両面で犯行集団を支えた。ＩＳが犯行声明を出してさえいる。ＩＳ爆撃に参加している英仏を脅した上で、実際にテロ攻撃してみせた。犯行を三か月前から準備したといわれる。パリ無差別テロ事件によって、本来フランス社会の問題とみなされた移民系若者の不満や報復の意思と、ＩＳを取り巻く国際政治が連動した意味を見落とせない。

ISは支配地を持ち、行政組織らしきものを整備して徴税さえしている。二万の外国人兵士を有しており、アルカーイダよりはるかに組織化、構造化され、あなどれない力を持っているのは説明を要さない。ISには報復の脅しを実行に移せる力がある。チュニジアで外国人観光客を狙った国立博物館銃乱射事件（一五年三月）と保養地スースのホテル襲撃（同年六月）、あるいはエジプトでロシア旅客機爆破テロ（同十月）を実行した。レバノンやトルコでも都市型テロを起している。次の標的としてテロの魔の手をパリ中心街に伸ばしてきたに過ぎない。

テロの温床地、フランス大都市郊外（バンリュー）の現実

――フランスの「バンリューザール」の精神、心理的構造をどう説明できようか。

フランス国内人口（約六六〇〇万）の八―一〇％とされるイスラム系の人々には、旧植民地出身という意識が内在化している。それが二級市民意識を生む。そうした都市郊外の貧困地区に住む若者の失業率は国内平均よりはるかに高く、将来への希望をもてない者が多い。食べていくためにドラッグ、麻薬取引や小集団ギャングとなって犯罪に手を染めていく。多くのイスラム系の若者が地下経済を生きる糧としている。

彼らの親世代の多くが第二次大戦後の五〇―六〇年代、戦後成長期の工業化時代とともに非

熟練労働者としてフランスへ入国してきた。旧植民地や保護領であった北アフリカや中東地域からの移民が迎えられた。彼らは就労期間が過ぎれば出身国に帰還すると思われていたが、都市生活の暮らしに慣れて滞在し続け、次の世代をフランスで育てることになった。バンリューと呼ばれる都市郊外にある住宅地のほとんどが、もともとフランス人労働者のニュータウンとして建設されたものだった。そこへ移民家族が住み始めると、逆にフランス人たちが流出していった。大都市郊外が現在のような移民、それもイスラム系住民の多い地区に変貌したのは、計画的なものではなかった。いまでは移民家族が集中的に住み、多くが貧困地区になっているので「ゲットーザシオン」(ゲットー化)という表現さえ使われている。

移民の次世代は、貧困や家庭環境から学業がふるわない者が多く、人種や就職で差別体験を重ねるうち、社会に対する恨み、報復の感情を抱くようになる。彼らが世界に目を向けると、イスラム圏の国々や地域が西洋の力によって手ひどい仕打ちを受けている印象を持つ。内戦のシリアやイラク、イスラエルの占領下におかれたパレスチナ人の現実がある。移民家族に育ちながら中産階層に属すような者でさえ、同じイスラム同胞が地中海の向こうで過酷な境遇に置かれているのを見て、ある種のヒューマニズム精神を刺激される。自分ができることで彼らを助けたいと思い込む者も出てくる。欧州から多数のイスラム系や、他宗教からイスラムに改宗した若者がシリアやイラクへ続々と渡航し、ＩＳに飛び込んでいる背景にはそうした心象風景が関係する。

——教授は、一九三〇年代のスペイン内戦（一九三六—三九年）に欧米の若者が共和国政府を擁護しようと志願兵となって飛び込んだ事例との類似性を指摘したことがあるが。

確かに若者のヒューマニズム精神の発露という点で類似性はある。しかし、違いも明白だ。スペイン内戦時代に各国の若者や知識人をつないだのは共和国精神、民主主義、労働者革命といった完全に世俗化された政治思想や理想だった。いまのイスラム系の若者たちにあるのはイスラムという宗教精神である。三〇年代の若者にとっては、民主主義と自由の「ヨーロッパ」という守るべき共通の理想が成立し、内在化されていた。一方が世俗化されたイデオロギーであり、もう一方が宗教という大きな違いがある。

また、現代のイスラム系の若者が住む「ヨーロッパ」とは彼らにとって外部のもの、外在化されたものであり、「自分たちのもの」ではない。欧州各国に住む約一五〇〇万のイスラム系住民にとって父祖の地ではない。「バンリユーザール」の若者が抱くような憎悪の対象とさえなる存在なのだ。

——欧州各国が歴史上、さまざまなテロと無縁であったわけではない。現在の過激イスラム主義者のテロはこれまでと何が違うのか。

たとえばイギリスでは北アイルランド紛争でＩＲＡ〔アイルランド共和国軍。一九二一年イギリスからアイルランドが独立した際、英連合王国にとどまった北部六州のアイルランド併合を目指し、反英闘争を続けた過激組織。二〇〇五年に武装闘争終結を宣言）の激しいテロがあり、八〇年代には当時のサッチャー首相の宿舎ホテルが爆破され、あわや爆殺される寸前だった。フランスにもコルシカ分離独立闘争があり、爆弾テロが起きてきた。スペインにはバスク地方独立を掲げたＥＴＡ（バスク祖国と自由）の民族主義テロ闘争がある。これらのテロ闘争も十分に暴力的ではあるが、闘争する側と国、政府には一定の共通理解が基盤としてある。闘争そのものが、その国の歴史や民族史と密接な繋がりを有しているためだ。

一方、過激イスラム主義者のテロについていえば、イスラムは欧州のものではない。一定の世俗化を実現した宗教でもない。イスラムとは、外部のものであって不可解なものとみなされる。カトリックが長い年月をかけて欧州市民の生活と共存できる世俗化の道をたどったのとまったく異なる。それがフランスや欧州各国でイスラムと共存基盤が持てない要因となっている。不可解な宗教と思われる上に、外部からやってきた者たちが起こすテロ攻撃。それが恐怖を増幅させている。

仏社会を緊張させるライシテ・イデオロギー

――イスラムが世俗化していないとはどういう意味なのか。フランスには国家理念として「ライシテ（政教分離主義）」があり、風刺新聞襲撃事件でもその原則理念が大きな声で叫ばれた。

ライシテとはある種、反宗教のイデオロギーだ。フランスでは社会生活を支配してきたカトリック教会に対し、あるいは神父に対し、闘争してきた長い歴史がある。その後、和平がきて宗教が個人のプライバシーの範疇となり、政教分離し、世俗化した。フランスでは、ライシテの原則によって宗教の象徴を公の場で着用することが禁止された。たとえばイスラム教が求める女の髪を覆うスカーフ（ヒジャブ）や、顔や体全体を隠すブルカが禁じられている。〇四年公布の法律で公立学校でもスカーフが禁止された。しかし、イスラムでは公共の場でこそ、女が髪や体全体をさらさないよう求める。ライシテの原則が、イスラム教徒と緊張関係を生み出す大きな要因となっている。これは中立的な立場のイギリスやドイツでは見られないフランスの特異な現象だ。ロンドンにはスカーフを着用した女性警察官さえいる。真っ黒なブルカで顔と全身を覆った女性を見てイスラム原理主義者とみなしたりするのは間違っている。

ユダヤ教徒にも原理主義者はいる。フランスでそれは容認され、寛容の精神が発揮されている。そこには過去のホロコーストやユダヤ人迫害への贖罪があるだろう。結果的に、一方への寛容がイスラムとユダヤ教徒の対立をあおり、イスラム過激派がユダヤ人を標的とする事態を招いている。フランスにはユダヤ系約一〇〇万、ムスリム約五〇〇万がいる。その関係に緊張が高まるのは社会全体の安定にかかわる重大な問題だ。

また、レイシズム（人種差別）がそこに加わって政治的な緊張をはらませる。極右勢力の国民戦線（FN）創設者ルペン前党首が反ユダヤ主義を標榜して物議をかもしたのは知られているが、新しい状況が生まれたいま、その娘であるマリー・ルペン現党首は反イスラムを掲げている。昨今の連続テロに呼応する形でFNが勢力を伸ばしているのをみれば、政治的レトリックの浸透力の強さを理解できるだろう。それらは容易に人種差別と結びつく。

――では、なぜイスラムだけが過激化しているように映るのか。一神教の三大宗教のうち歴史的にもっとも後世に生まれたのがイスラムということと関係があるのだろうか。

キリスト教にも過激化の時代があった。カトリックとプロテスタントとの長い抗争があり、欧州では十六世紀から二〇〇年間、宗教戦争が繰り広げられ、膨大な血が流され、無数の死者を出した。ユダヤ教にも過激主義が常に存在する。中東和平へ道を開いたラビン首相は極右ユダヤ人青年に暗殺されている。

欧州では十四世紀からキリスト教の世俗化が始まり、宗教と並び、国家が統合主体として登場してきた。国の宗教とは国王の信仰宗教でもあったので、カトリックとプロテスタントの長い血まみれの抗争は、国々を巻き込む宗教戦争へとエスカレートし、ウェストファリア条約（一六四八年）で終止符を打つまで続いた。欧州社会にある寛容の精神はイデオロギー論争の果てに生まれたものではない。あまりにも人を殺し過ぎたためのものだ。

一方、イスラムでは欧州列強による植民地支配を受け、初めて世俗化が始まった。キリスト教国の軍事・技術力が自分たちをすべて凌駕しており、弱点を知らされた。そこからジハード（聖戦）が始まった。反植民地闘争、強大な欧州列強へ立ち向かうジハードという闘争。しかし、前大戦後、独立が達成されるとジハードは終焉し、代わってアラブ民族主義が勃興した。独立の英雄エジプトのナセル（一九一八—七〇年）、チュニジアのブルギバ（一九〇三—二〇〇〇年）らはみな民族主義者であり、イスラムとは関係のない世俗主義者だった。だが、アラブ民族主義の挫折はすぐにやってきた。決定的だったのがアラブ－イスラエルの六日戦争（一九六七年＝第三次中東戦争）でアラブ側が惨敗したことだ。エジプト、ヨルダン、シリアはいずれも領土を失った。そこからアラブ諸国でイスラム回帰の声が高まった。イランもまた国王シャーの近代化と世俗主義が破綻し、イスラム革命（七九年）につながった。アラブ世界の挫折感は深く、それ以後、宗教が人々を束ね、動員する原動力となっていく。

さらにイスラムは欧州でキリスト教がたどったような世俗化をはたせなかった。世俗化とは宗教を個人の問題としていくことにほかならない。イスラムとは元来、法学であって統治の政治学ではない。にもかかわらず、ジハード主義は宗教を上位に置き、政治を宗教に従属させる新しいテーゼを提起する。それはイスラムの世俗主義を拒絶し、同時に抑圧的になることを意味している。

仏刑務所内部で起きていること

――イスラム系の若者が過激化する場として、フランスや欧州の刑務所が指摘されている。教授はその危険性をだれよりも早く警告してきた。仏刑務所の実態は日本のイスラム専門家など外国人にはまったく理解できていない。

刑務所における受刑者への処遇、対応の問題点は欧州各国に共通する。私は一一年から一三年にかけてフランス国内四か所の大規模な刑務所でイスラム系の受刑者を中心に調査を実施した。欧州では最大規模のパリ南郊外にあるフルーリ・メロジス、あるいは南東郊外のフレンヌ、リヨン各刑務所で調査を実施した（仏内務省発表（一六年三月時点）による収監者総数は約六万七〇〇〇人。前年比一・七％増）。フランスではライシテの原則から、信仰する宗教を相手に訊ねられない。調査官への警戒もあるので、実態調査は容易ではない。

国内の受刑者のうち五〇％以上がムスリムという推定がある。ムスリムの総人口比が一〇％ならば異様に高い比率だ。また、テロ犯と収監履歴の相関性を否定できない。とくにイスラム過激派のテロ事件では、風刺新聞襲撃までほぼすべての犯人が刑務所を経由していた。そうでない者が実行犯に加わってきたのはパリ同時多発テロが初めてである。

フランスでは、一部で失業率七〇％に達する都市郊外育ちの者が、生きる糧としてドラッグ取引や非行犯罪の地下経済に関与し、刑務所に行く。そこでイスラムの過激な解釈に染まり、過激化して社会への報復を意図していくとか、収監中にイスラムへ改宗した者が過激化の道をたどる事例が起きている。しかし、収監者対策が問題化してきたとはいえ、理想的で手っ取り早い解決方法があるわけではない。

――パリで起きた悲惨なテロ事件を受けて政治指導者が「フランスは戦争状態に入った」と宣言し、異例の長期の非常事態宣言が施行された。政治家たちの反応は過剰か、それとも支持率を高める政治的打算なのだろうか。

九・一一米同時多発テロの際、ブッシュ大統領がテロ戦争を宣言し、アルカーイダ攻撃を命じたのと同じ反応といえるだろう。だが、相手が仕掛けたのは都市型テロであって、戦争の表現は過剰すぎる。ニューヨークの超高層ビルに旅客機が突入した異様な事態に比べ、パリの犠牲者はずっと少なく、テロの規模もあれより大きくなかった。フランスは当時、米政府がイラク戦争にまで行くような攻撃的な反応を批判したのだが、自国の首都が自爆、銃撃テロに遭うと同じ反応を示したことになる。

繰り返すが、ＩＳの力はあなどれない。北アイルランドのＩＲＡや、コルシカ、スペインのＥＴＡによるテロはいわば、「ソフト・テロ」と呼べるもので、ある種の国内問題の延長だ。日本でもかつて地下鉄サリン事件があった。その犯行集団は社会内部の異変が現出したといえるものだった。だが、ＩＳがからむテロは違う。人々はそれを外部からの攻撃ととらえる。そのことが大衆の心を揺さぶり、恐怖をまき起こす。政治指導者の戦争状態というレトリックは、フランスにはテロに対応する十分な用意があるのだ、と宣言したと思えばよいのではないか。

――二〇一五年から欧州が難民危機に遭遇した。メルケル独首相が積極的な受け入れを表明したのに対し、他の国々は及び腰だ。ドイツの反応を含めてどうみているのか。

一五年に中東・北アフリカ難民百万が地中海を渡ってきた。何よりもドイツは経済が強く、人口は八千万超だが、出生率が低いために労働力不足が続く。これまでドイツの外国人移民といえばトルコとモロッコ出身者で、困難だった国籍取得を二〇年以上前の法改定で緩やかにした。トルコ移民はすでに第三世代に入り、社会の一角を成している。英仏と違い、ゲットー化した都市郊外に住むわけでもない。

しかし、大量難民は短中期的にその国の社会問題となりえる。パリ同時多発テロの犯行集団には難民に混じってシリアのＩＳから来たテロリストがいたし、ドイツでも一五年大晦日に北アフリカ系難民がおぞましい多数のレイプ事件を起こした。外国人や移民への恐怖、テロの恐れなど極右が台頭する余地が生まれている。フランスで極右ＦＮが伸長しているように、ドイツには反イスラムのＰＥＧＩＤＡ（通称ペギーダ）などペギーダ系と総称される極右運動、政党が勢いをつけている。

フランスでイスラム系の多くが出身国とするアルジェリアは、一三〇年間植民地だった。法制度上はフランスの国土となり、住民もフランス人とされた。その意味でイギリスにとってのインドとも違った。一九五〇—六〇年代に数十万の犠牲者を出した戦争を経て独立を果たしたが、心の傷は深かった。その後、フランスに住んだアルジェリア出身者や移民は精神的な被植民地意識をぬぐえず、実際、二級市民扱いされた。歴史の記憶は人々に引き継がれていく。「内なるコロニアリズム」が現代のジハード主義者の心理にあっても不可解ではあるまい。

これに対してドイツにとってのトルコが植民地だったわけではない。ネオ・コロニアリズムからも自由だ。朝鮮半島の植民地支配という過去から日本が英仏のような問題を抱える可能性はあったかもしれないが、人口比でいえば日本国内の半島出身者は少ない。ドイツでいえば、経済が好調な限り、大量難民を受け入れても政治や社会の安定を維持していけるかもしれない。ただし、将来、厳しい不況に見舞われた時、何が起きるかはわからない。二十世紀初頭に人種的迫害があったドイツの歴史を思い起こさないわけではない。

ジハードの新現象、フェミニザシオン

――教授は欧州各国から若い女や少女がシリアへ渡航し、過激ジハード主義者の懐に飛び込む新たな現象を指摘してきた。その背景に何があるのか。

一三年、シリア内戦の開始とともに起きたのが「フェミニザシオン」と呼べる新しい現象だ。少女や成人の女たちが内戦地シリアへ渡航している。多くが中産階層出身者で、しかも最近イスラムへ改宗した者が多い。欧州からISに加わった約五〇〇〇のうち約七〇〇人が女たちと推定されている。フランス人の場合、渡航した女たちのほぼ半数が十二から十七歳で、そのうち三〇%が非イスラム教徒とみられている。キリスト教ばかりか、ユダヤ教からの改宗者さえいる。暮らしに困った家庭でも都市郊外育ちでもない少女たちが、なぜ抑圧的な体制とみられるISへと向かうのか、深刻な問いかけがあるはずだ（仏内務省調べによると（一六年三月時点）、過激ジハード主義に関係するフランス国内居住者は推定一八五〇、実際にISへ合流した者約六〇〇、うち二三六人の帰還を確認した。女の比率が二年前の一〇%から三五%に上昇、数で二〇〇弱と推定される）。

男たちと同じように、中東でイスラム教スンニ派である宗教上の同胞が弾圧されていると信

じ込み、ねじれたヒューマニズムの発露から渡航するタイプがいる。それに加え、現代社会から消えた理想の男、つまり危険を顧みず、仲間の救出に飛び出す勇気ある男を見つけたいという願望がある。男らしさを復権させた、理想の夫となれる勇敢な青年たちがＩＳ支配地にいるという思い込み。権威を失って家庭に居場所を失った父親とは違う雄々しい若者、信頼もできなければ、男らしさを失ってフランス社会で生きている弱々しい男たちとは違う、戦士を見出せるはずだという妄想に近いものを確認できる。

離婚が増大し、不安定な家庭環境という現代の男女関係にあって、子どもたち（娘）は支柱となる本物の父親、男性像を求めている。ユートピアかもしれないが、もしも信頼に足りて誠実かつ勇敢な男と結ばれるのであれば、イスラム社会にある男女間の「良き不平等」さえ受け入れる用意がある。もちろん、祖母や母親世代の従来型フェミニズム運動には何の興味もない。ＩＳ側もこれを十分承知して電子サイトを通じ、理想の男たちが待っているという幻想を盛んにふりまく広報作戦を強化している。

――ＩＳへ飛び込んだ彼女たちはどうなっていくのだろうか。

最初にシリアへ渡航した女たちはリクルーターの役を与えられたり、欧州出身の戦士と結婚したりした。たとえばロンドンから渡航したカディジャ・ダレはスウェーデン出身の男と結婚し、イスラム風に改名した。暴力とは男のものと考えられたかもしれないが、ＩＳは独自のイスラム法によって女も異端者や不信心なムスリムに向かって権威や力を振るって良いとし、間接的に戦闘にも参加させている。戦闘が続く異様な環境下でＩＳが醸し出す純粋なイスラムという神話があり、真にイスラム的な家庭を築き、指導者カリフの下で理想の妻、母の役割を担う夢を現実のものとするという幻想に酔う。その時だけにせよ、女たちに与えられた低い地位への不満は消えているはずだ。

こうした現象は現代社会の家庭構造や結婚後の現実に表れた脆弱性の裏返しである。雄々しさを失った男に代わり、ジハード戦士は少女たちが本当に求め、結ばれたい勇敢な若者と映る。戦士たちの何に惹きつけられるのかと問われれば、少女たちはこう言うだろう。死を恐れず、死に立ち向かう若者の勇気です、と。シリア渡航や家族との別離といった大きな代償を払ってでも、本物の権威を求める姿がそこにある。行き着いた場所の真実が暴力的で抑圧的であっても構わないのだ。

男が勇敢な戦士を夢想し、女がそんな男たちに寄り添う、男女のあるべき姿。ある意味での復古趣味の出現に際し、なぜイスラムが選択されているのかといえば、世俗イデオロギーの世界から暴力的な過激主義が消滅したことが関係しているだろう。東西冷戦が終焉し、その傾向はますます顕著になった。

イスラム過激主義には、欧州中産階層の若い男女が抱く相矛盾した二つの要求を満足させてくれるものがある。アメリカ支配の世界秩序と決別したい者たちにとって、それは抵抗イデオロギーの源泉となる。また、アイデンティティーを見失い、すべてを超越した存在を求めて迷える者たちには、抑圧的であれ、汲めども尽きない聖なる泉を提示してくれる。あまりにも世俗化した先進国の現代社会にはどこにも超然とした存在がない。すべてが均等化し、凡庸化し、そこそこ平和で退屈な現代社会。それに対抗するものであれば、抑圧的な世界であろうと、彼や彼女たちには望ましく、自分たちを受け入れてほしい場所と思えるのだろう。

欧州危機の教訓、日本がとるべき「選択的な移民政策」

——ヨーロッパを危機に陥れている過激ジハード主義者のテロと殺戮はどこまで続くと考えるか。欧州各国や世界はどう対応すべきだろうか。

『シャルリ・エブド』事件に続き、十一月にパリ同時多発テロが起きたとき、私には驚きではなかった。いずれ、ありえる事態だと思っていたからだ。もちろん、一三〇人の無辜（むこ）の市民が犠牲になったのは痛ましいが、この欧州危機は一〇―二〇年続いていくだろう。だからといって、世界に終わりを告げる黙示録（アポカリプス）が起きたわけではない。また、欧州や世界は相対的に平和を享受できている。しかし、フランスをとってみれば、若者の過激化を生み出す社会的状況が変わらない以上、根本的な解決策があるわけではない。

厳しい言い方になるが、対処方法の一つはこうした事態に慣れていくこと、忍耐を学ぶことだ。それはむしろ、東洋の知恵でもあるだろう。過剰に反応してしまえば、政治的には極右台頭を招くし、〇三年イラク戦争のような大混乱を発生させる。二十世紀の欧州史を振り返れば、二度の大戦争で何千万もの人々が死んだ。テロの惨劇は悲劇に違いないが、大戦争の悲惨でも世界の終末ドラマでもない。

われわれは新しいリスクに直面し、それと共存して生きていく時代にある。たとえば、地球温暖化がそうだ。あるいは大地震や津波の脅威にさらされる日本の例がある。日本ではどこよりも建物の耐震性を強化し、津波をいち早く覚知する技術を磨いている。われわれも同じように知恵を絞り、少しでも犠牲者を減らす工夫をすることだ。一センチの隙もない完璧な安全なんてありえない。若者世代の過激化の原因を冷静に分析し、突き止め、対策を考えることだ。完全無欠な安全のために、欧州の英知が築いてきた自由な社会構造や慣習を破壊してはならない。

——最後に将来の移民問題に関する日本への提言はどうだろうか。現在の日本が深刻といえる移民問題に直面しているわけではないが、人口減、高齢化を避けて通れない別の現実がある。

二つの観点から指摘したい。日本は社会のダイナミズムを取り戻し、出生率を高めるために将来、移民が不可欠だろう。では、どんな移民政策モデルを選ぶのか。欧州各国は将来像のないまま移民を受け入れ、彼らがいずれ祖国に帰還すると信じ、完全に誤った。日本はその轍を踏んではならない。アメリカも理想的政策があったわけではないが、ラテン系不法移民の流入が続きながらも、結果的には安価な労働力として経済に役立てている。日本は島国で遠く、特殊な言語、文化が壁となり、容易に入れる国ではない。それが賢明な移民政策を実現できる特質になりえるはずだ。

日本は「選択的な移民政策」を実施したらよいと思う。受け入れ国と歴史的いきさつを抱えた国からの移民だと、心理的傷があるために報復感情につながりやすい。将来の中産階層を形成するような移民を迎え入れることだ。中国とは歴史問題があるだろうが、多くの者が中流になれるだろうし、日本社会に溶け込める人材が豊富にいるはずだ。中産階層を形成しえる移民は既存社会にとって資産とみなされる。フランスで中流出身のアルジェリア人は立派に社会の一翼を担っている。イラン人も活躍し、貢献している。先進国として日本が新しい移民政策モデルをつくり上げてほしい。

別の関心でいえば、なぜ日本社会から過激ジハード主義者に合流する者が出てこないのか、興味深い。日本から暴力的な過激主義が消えたのはなぜか。六〇―七〇年代、極左の赤軍派がパレスチナ連帯の一環としてイスラエル・ロッド空港乱射事件を起こしたし、右翼では作家三島由紀夫の切腹事件があった。欧州各国の若者がシリアへ向かう理由の一つは、社会へ反抗し、戦場で濃密な時間を過ごしたい願望があるためだ。では、日本の若者がどう思春期の苦悩に向き合い、そのはけ口をどこに見出しているのか。若者の過激志向をどこかで吸収しているのであれば、フランスや欧州が日本から学ぶべき教訓があるのかも知れない。そんな比較的な視点から日本の現状と今後に強い関心を抱いている。

第1章　ラディカリザシオン、なぜその概念が浮上したか

アメリカで二〇〇一年九月十一日に同時テロが起きるまで、《ラディカリザシオン》〔過激化を意味するが、著者は過激なイデオロギーと行動が合体していく極端なプロセス全体とみて、独自の意味を込めて過激化現象ととらえている〕は、社会科学の学問レベルにおいてのみならず、宗教上あるいは政治、社会的な過激主義を把握しようというさまざまな試みにおいても付随的な概念でしかなかった。十九世紀以来、西欧のテロリスト運動[1]に関する諸文献がより詳述してきたのが、一方からはテロとみなされても、もう一方から見れば圧政者や占領者、敵に対する抵抗行動になりえるテロ特有の形態についてであり、実際の暴力行動に至るまでのプロセス研究ではなかった。九・一一同時テロを経たアメリカで、テロ行為そのものとともに、それを導いた諸条件に探究

の主力が向けられるようになってきた。そこから暴力行動を志向した集団の生成を究明する上で、過激化プロセスが重要な概念として浮かび上がってきた。

ここでラディカリザシオンが意味するのは次のようなことだ。一人の人間もしくは集団が政治、社会もしくは宗教上の過激なイデオロギーに直接つながって暴力行動に走る。そのイデオロギーは政治、社会、文化的な秩序を真っ向から否定している。そうした反秩序行動に走っていくプロセス全体を指すものである。

現代社会にこの概念が浸透してきた理由は、最近の事象が示すように治安問題と連動し、具体的な要請にかられたためだった。どうすれば都市や個人、国をテロ攻撃から守れるか。その場合、国といえば西洋諸国を意味しようが、他の国々も例外ではない。[2] そしていかにして、とくに急進的なイスラム主義のような過激主義者を抑え込み、その攻撃能力を減じ、できるならば根絶やしにできるのか。あるいは、国内ばかりか国外にも拡大したテロ組織網を相手に、どうやって有効な闘いを展開できるか。こうしたテロ組織網は複数国にまたがるので、多数の国で一気にテロ集団を制圧するために不可欠な国際的な連携と協力をどう実現できるのか。テロ集団の制圧のために、いかにしてその組織網と指導者を特定していけるのか。

そもそも人が過激派集団に忠誠を誓っていくプロセスとはいかなるものなのか。どうやって社会にある過激なイデオロギーの魔力と闘っていけばよいのだろうか。対象の筆頭がイスラムのジハード（聖戦）主義者となるが、極右や極左にも暴力思想はある。とくに、「ホーム・グロウン」と呼ばれる国内育ちのテロリストや、国内で発生するテロにどう取り組むべきなのか。その場合、テロの温床は中東諸国ではなく欧州域内にあり、稀にアメリカやオーストラリア、カナダの国々ともなる。

過激化の道をたどる者たちの横顔について、数多くの問いかけがありえる。新しい形態のテロ行動に飛び込むのはどのような者たちなのだろう。そうした組織はどのように形づくられて拡張し、暴力を振りかざす集団と化していくのか。どうやってメンバーを集め、心情的シンパだった者が何を判断基準として過激思想に忠誠を誓い、テロ攻撃に直接飛び込むに至るのだろうか。要するに、受け身の同調者――シンパたちがどのようにして過激なテロリストに変貌していくのか。その上で、どうすれば過激思想の魔力に憑かれた者を〝解毒〟するメカニズムを稼働させられるのか。実際、イギリスやアメリカ、ノルウェーでも、あるいはサウジアラビアやアルジェリアのようなイスラム諸国でも、《アンチ・ラディカリザシオン》という脱過激化の〝解毒〟作戦に考えを巡らせてきた。それは集団精神療法と、しかるべき能力を備えた権威者、つまり過激イスラム主義者に対する導師イマームのような理論的専門家による教導を取り混ぜたものとなっている。そこへ警察力や心理学的な側面支援を加えて過激主義に染まった者を非暴力の世界へと回帰させせようとするものだ。

各国の中でもとくにアメリカでは、学界の協力を得て過激行動を主張する者の分析に力を注いできた。多くがイスラムのジハード主義を主流とする過激イデオロギーに染まった者たちである。規模は小さいながら欧州や、あるいは中東の専制国家でさえ同じような試みが行われてきた。アメリカでは何億ドルもの巨額予算が、直接的には多様な情報機関や米国土安全保障省を中心とするオペレーションに投じられ、ニューヨークのような大都市でも自主的な究明活動が展開されてきた。大学などの調査研究にも間接的に資金が投じられて、この分野の分析・情報不足に対応しつつある。これまで付随的なテーマとされた過激化という概念が、西洋諸国で解明対象の中心に躍り出たことで、シンガポールやロシア、中国でも関心が高まってきた。小集団による大規模テロに対抗するには、徹底した情報収集が不可欠と認識されるようになったのである。

いまや低強度戦争が語られる時代である。一九八九年ベルリンの壁崩壊が象徴した東西冷戦の終焉とともに、その低強度戦争の頻度が増し、紛争形態に根本的な変化が表れた。この種の戦争はゲリラ戦に限らず、テロ集団が都市部で自爆テロを仕掛けて起こすものでもある。これには戦術や情報収集のあり方を根本的に変えない限り、通常の常設軍では効果的な応戦を望めない。

九〇年代以降、西洋には国内育ちのテロリストが登場してきた。欧州やアメリカで生まれて教育を受け、過激なイスラム主義者となった者たちのテロ行動が目立つようになった。たとえば、九五年七月二十五日、パリのサン・ミシェル郊外電車RER駅で死者八、負傷一四八の犠牲者を出したテロ犯、ハレド・ケルカルはフランスで教育を受けた男だった。むろん、外国のテロ組織メンバーでも西欧に滞在する機会を見つけるのは可能である。ニューヨークの同時多発テロを起したアルカーイダの実行犯も事件前、ドイツに居住していた。ただし、各国の諜報機関が二つのタイプのテロリストを特定していくには、それぞれ異なる困難が伴う。

それだけに、国内育ちであれ国外からの者であれ、この種のテロリスト情報には要求度が高い。暴力を容認したイデオロギーにどれほど忠実なのか、あるいは実際のテロ行為に至るプロセスがどうだったのか。こうしてテロリスト形成過程を把握する上でラディカリザシオンという過激化の概念が中心的な位置へと引き出されてきたのである。

過激化とは本来、超少数派の現象

過激化とは西欧社会はもちろん、イスラム諸国でさえ、超のつく例外的な現象である。過激イデオロギーに染まる者は多くいるし、経済的な理由や、非行とか情痴犯罪といった社会的な理由から暴力に走る者も少なくはない。しかし、イデオロギーと暴力を合わせて自己表現の手段とする者はほとんどいない。あるとすれば、国家が特定の人種の優越性を主張するとか、社会の一階層に他を支配させる階級イデオロギーを有した場合とかである。スターリン時代のソ連のように労働者階級が全人民を代表するとした例や、ヒトラー時代のドイツで国家社会主義が掲げた極端なアーリア民族優越主義などでありえる。しかし、本書で論じようとするラディカリザシオン概念とは国家を前提とせず、過激なイデオロギーを掲げ、暴力行為に突っ走る個人や集団のような下から築かれた運動体に限定して適応される。それはテロリズム概念とも親和性を持つが、個々の行為者に焦点をあて、暴力への執着のあり方とか、動機をより重視する点で、一般的なテロ概念とは区別される。

こうした観点で見るならば、過激化現象とは極めて例外的な事象なのだ。それはジハード主義者によるテロや、ノルウェーの無差別テロ犯アンネシュ・ブレイビク[*1]のような極右の大量殺戮事件といった例のある西欧ばかりか、中東アラブ世界でさえそうだ。中東イスラム世界でジハード主義運動が大衆の支持を得ているのは事実だが、厳密な意味でその実践者となると、あのパキスタンでさえ例外的なものとなる。

西洋では二〇〇五年七月以降、イスラム過激思想につらなるジハード主義やテロ全般に関連して殺害された人の数は極右あるいは極左勢力による犠牲者を含めても、必ずしも膨大というわけではない。九・一一同時多発テロでは死者二九七三、負傷者六二九一を数え、合わせて国際貿易センタービルと米国防総省ビルにハイジャック機を突っ込ませた犯人一九人も死亡した。二〇〇四年三月十一日、マドリードで通勤郊外列車をジハード主義者が襲ったテロ事件では死者一九一、負傷者一八五八を出した。同じ年の七月七日、ロンドンの地下鉄とバスがテロ標的となった事件では犠牲者五二と死んだ自爆テロ犯四、負傷者約七〇〇である。それ以降、犠牲者数を増大させたのは死者七七、負傷者一五一を出したノルウェーの極右ブレイビクが起こした無差別テロ事件である。しかし、欧州刑事警察機構によると、二〇一一、一二年にフランスと欧州でジハード主義者が起こしたテロの発生件数は少なく、それに伴う拘束者数も多くはなかった〔原書出版後の一五年十一月、パリで死者一二九・負傷者三五二を数えた同時多発テロが発生したのを機に、予防措置を含めて拘束者数は増大傾向にある〕。

そうした中で、社会の不安を最もかきたてるのは過激ジハード主義者である。欧州にはコルシカやスペインのバスク分離主義者、ノルウェーの極右テロ犯ブレイビクのような者もいるし、ギリシア、ドイツ、フランスにも極右勢力がいるが、過激イスラム主義者ほどの恐怖をもたら

＊1　**アンネシュ・ブレイビク**　ノルウェーで第二次大戦後、最悪の単独犯テロ事件を起こした人物。二〇一一年七月二十二日、首都オスロ政府庁舎爆破事件を起こした後、保養地ウトヤ島で銃を乱射し、計七七人が死亡。キリスト教極右の排斥主義に染まっていた。

すものではない。ジハード主義に対する恐怖と不安にはメディアによる過剰な報道も影響しているが、もともと報道とは一般社会の怯えの深さを如実に反映するものだ。実際、ジハード主義者に起きている過激化現象を、地域分離主義や激烈な政治運動と同じ土俵で論じられるものではない。過激ジハード主義者が与える危険性は、他の急進的運動とは比較にならない。分離主義とは所詮、国内問題と考えられるのに対し、過激イスラム主義とは欧州域外が発祥地であり、元をただせばイスラムそのものが非欧州の宗教という事情もある。この視点に立つと、欧州にいるイスラム主義者テロリストほど不穏な存在はない。脅威であるばかりか、欧州本来のアイデンティティーを否定するものでもあるからだ。

一方では諜報機関と警察が監視活動を強化したことで、欧州のジハード主義が抑え込まれたという見方がある。欧州に限ればジハード主義者の攻撃による犠牲者がそれほど増えていないのも、治安機関が重点的にこの手のテロリズムを抑止できてきたからだという声もある。その議論の正否がどうであれ、ジハード主義テロがもつ恐怖の象徴性には根源的なものがある。仏南西部トゥールーズで一二年三月、テロ犯モハメド・メラ[*2]が子ども三人を含む七人を殺害した。事件は犠牲者数では測れない大きな衝撃となった。その時、子どもでさえ殺すテロがかきたてた不安は、欧州の極右や極左による他のテロ事件の比ではなかった。イスラム主義者の過激行動がもつ非人道性が、容認しがたい動機とともにくっきりと浮かび上がった。その時公表された「異端者の殺害」という宗教的な目的宣言には、他の多くのテロ犯が内向きで世俗社会向けの動機を主張するのに比べ、際立った違いがあった。従来の極左がいう階級闘争だの、極右が主張するイスラム侵入に対する欧州の戦いだの、アメリカで超保守主義者が掲げる連邦離脱などといった動機と比較して、その違いは明白だった。

社会科学は分析力を発揮してきたか

ラディカリザシオン＝過激化現象とは、国家にとって最大の関心がその治安問題にあるにせよ、そこだけに限定されるものではない。社会学者が求められるのは過激主義の問題点を幅広い視野でとらえ、過激主義に染まった活動家が奥深くに秘めた動機を解析することだ。社会から長年にわたって非難と侮辱の的となり、拒絶され、忌まわしい存在とされてきた過去が、どのような影響を本人に与えたのかという分析を欠かせない。こうした側面は諜報機関や治安警

*2　**モハメド・メラ**　二〇一二年三月、仏南西部トゥールーズで仏軍兵士とユダヤ人学校の児童ら七人を殺害。アルジェリア系のジハード主義者で、ユダヤ人児童を狙ったことが衝撃を与えた。容疑者のメラは警官隊に銃撃されて死亡した。

察の対応戦略から見ると、些末にすぎないだろう。しかし、そこにこそ社会学者のはたすべき役割があり、警察力の問題と片付けられかねない議論の幅を広げ、包括的な観点に立ってこの課題に秘められた経済、政治、社会人類学的な側面を明らかにしてくれよう。過激化現象を治安面にとどめず、社会全体に関わる認識の問題ととらえなければならない。従来の古典的なテロリズム研究もそうした側面を暗黙のうちに探索してはきたが、過激化していくプロセスに関心が集まるようになってから、背後にある社会機構や組織構造に関わる諸原因、それに連動した行為者の主体性のありようなどが以前よりはるかに意味を持つに至っている。いまや、インターネットの発達や閉鎖的な組織内部で起きがちな負のエスカレーションなどによって起きる、「異文化接触から生まれた相互変容」という新たな事象を理解できるようになった。内側に閉じこもって一般の人々と関係を断ち、自分の新しい忠誠の対象を家族や知人にさえ明かさず、自ら過激化の道をたどる者がいる。そんな人物は、インターネットがなければ知りようがなかった人々とフェイスブックやツイッターといったソーシャルメディアを通じてつながり、ネットワークを築いていく。

結局、過激化現象に目を向けることは、一人の人間がイデオロギーに染まって暴力行為に至るまでのさまざまなプロセスと、決断を下した背景に何があったかに着目することである。人は決断するにせよ、とくに自分の属した集団で孤立し、支持を失うのを恐れて集団の理念を最優先する場合、内に優柔と不安を抱える。一方、よくよく考え抜いて社会と一戦を交える決意に至る場合もある。手短にいえば、一人の運命を左右する主観、思い込みのありようが重要になる。こうした側面について、過激主義を研究対象としてきながら従来の社会学では十分に考察してこなかった。

この過激化現象とは、短中期とともに長期的なプロセスでもある。つまり、人は数日で過激化するわけではなく、長い過程をたどって過激主義者として「熟成」していくものだ。始まりはまず論理手法に小さな変化が表れ、次いで周囲がその人物の感性とか社交性に少し首をかしげるような異変に気づくが、それが何を意味するか理解するには至らない。だが、いったん個人あるいは数人の集団が一定の過激レベルに達すると、すぐに暴力へ移行する可能性がある。人質をとり、殺害や殺戮事件を起こしたりする。ひとたび行動が起こされると、メディアなどを通じ、シンボルを生み出す力が動員され、活発な報道によって「悪のヒーロー」像が創り上げられていく。その悪のイメージこそ、過激イスラム主義者やノルウェーのテロ犯ブレイビクのような極右過激主義者が望んでやまないものだ。十九世紀末のアナーキストならば、こうした知名度を欲しなかった。心理文化人類学から見て古いタイプのテロでは観察されなかった新しさといってよい。

ベルリンの壁が崩れる以前の一九八〇年代まで、過激化とはもっぱら国家が制御したイデオロギー集団が生み出す現象であり、東西分裂の冷戦構造が個人の心理ドラマの持つ意味を阻んできた。そのため、心理的要素が作用したとしても影響は限定的であり、あらゆる事象が東西それぞれの政治陣営に組み込まれていたので、個人単独の過激化は稀にしか起こりえなかった。ところが現在では、過激化においては外部の客観的状況ばかりでなく、個々人を過激行動に駆り立てる主観的側面がますます重要になっている。客観的状況から生まれる過激化の例とは、欧州でイスラム系移民家族に生まれた若者が社会から排斥されて起こす行動とか、パレスチナ人抑圧を導いた米政府の親イスラエル政策に激怒した結果とかである。とりわけ個々人を駆り立てる主観性の側面こそ、社会学的アプローチと人類学的な探究が明らかにできる領域のはずだ。

ここで、テロリズム[3]と限定された範囲に過激化現象の大部分が入る点に留意しておきたい。ただし、テロリズムの基準を援用するのは、イデオロギーを背景として暴力行為に出る集団を社会、政治学を含めて包括的に説明する時である。そのイデオロギーには国家テロの語彙が示すように国家も包含されている。しかし、本書で論じる過激化現象とは、すでに述べてきたように少人数の集団に関係したもので国家を排除したものとなる。

ふつうテロ概念で社会学者が関心を持つのは、テロが有した政治・社会的な意義であり、過激化し暴力志向を高める個人に対してではない。個人の役割とか、その精神や心理状態はダイナミックな社会、政治、国際関係の力学より下位に置かれる。

ところが、過激化プロセスの究明となると、社会学者の探求の感性は個人へ、つまり、その主観性のありよう、集団への帰属の様態へと向かう。また、鏡を見合ったような集団と個人の相互作用に目を向ける。そこでは個人の心理や集団のもつダイナミズム、指導者のカリスマ性、グループの掲げた理想への忠誠心が相互作用し合う。さらに、フロイトやカネッティ[*3]、ル・ボン[*4]が表現したような大衆、群衆の概念や、大衆と指導者との複雑な関係性の中に過激化現象と横断的に結びつく糸を見いだすこともできる。しかしながら、そのマスの概念とは過激イスラム主義とその特質にとっては付随的なものだ。イスラム過激集団にも宗教イデオロギーを掲げた集団のほとんどが有するセクト主義や反社会性の特徴が露呈するが、人民、プロレタリアート、白人、アーリア人種といった、人間集団を繋ぎとめる神格化された世俗イデオロギーを介在させたりしない。

今日、過激化の概念が導入されたのは、社会科学全般の用語を用いつつ、西欧には不可解な

＊3 **カネッティ**　エリアス・カネッティ（一九〇五―九四）ブルガリア出身ユダヤ人思想家。八一年ノーベル文学賞。ファシズムの根源を思索した。代表作『群衆と権力』。

＊4 **ル・ボン**　ギュスターヴ・ル・ボン（一八四一―一九三一）仏社会心理学者。フランス革命やナポレオン出現などを通じ、群衆心理を分析。代表作『群衆心理』。

現象を説明しようとするためだ。暴力を伴う宗教回帰、敵に死をもたらし、自らも死を受け入れて殉教者となるのが究極の目的となる不可解さ。この現象には、純粋に神聖な死を受け入れ、殉教者たらんとする目新しさがある。欧州の啓蒙主義の進捗と、とりわけ市民が社会と政治の決定権を握り、どこにも神の居場所がなくなったフランスでいえば、それは時代遅れとされた価値観の復権を目指す戦いとなる。

世俗事象を扱う従来の社会学とか、社会科学の純粋に世俗的な視点という想定を疑問視する人々が声を上げ、宗教性を規範にすべてを超越すると主張した行為者について、その内面から分析するために過激化の概念が導入された。宗教性とは一九六〇年代にはほとんど問題視されず、時代遅れとみなされたものだった。その概念を用いることによって、社会科学は死に至る宗教性がもった衝撃を説明し、究明しなければならない。死の陶酔感を讃える殉教者がいるかと思えば、「時代遅れの新しさ」とでもいえる撞着語法が意味をもつ現実さえある。そこではまた、宗教者が介在し、究極の理想が生から死へと逆転さえしている。社会科学の使命とは、神学を用いずに、この種の宗教性を解明することのはずだ。社会学と人類学を駆使して行為者たちが抱く神学的理想をその内側から説明してみせなければならない。

一方、その過激化現象が進行する西欧では、あらゆる分野で権威が消滅していく特異な状況下にある。多くの権威や機構が弱体化し、あるいは解体して国民の全階層を不安定にした。労働組合や、共産党のような政党が消滅するか影響力を失い、下層大衆を社会全体に取り込む力が失われた。長年、フランスやイタリアで共産党が勢力を誇り、労働者とその家族に党とつながる自負と矜持を与えてきた。共産党の威勢失墜は、恵まれない多くの下層大衆にとって社会の階段をよじ登るチャンスの消滅を意味した。不況で経済的不遇と社会的排斥が重なると、相乗作用で恐ろしい爆薬となりえる。二重の意味で恵まれず、かつ不遇を訴えながら政治的手段を奪われた人々は、消極と無言の世界に閉じこもる。非行や犯罪へと走り、暴力が反逆の自己表現となっていく。そうなると、イスラム主義も表現手段の一つとなるだろう。こうした行動をとる者の想像力次第で、状況はもっと悪化しえる。イスラムに言及するだけで悪循環の歯車が回り始め、深刻な事態に進展していく。異教徒と戦うジハード（聖戦）のさまざまなシンボルが動員され、インターネットを駆使して世界中の活動家集団がこれらを喧伝していく。

イスラム諸国地域では、八〇年代後半からインフィタ（門戸開放）と呼ばれる新自由主義の政治運動が起き、それまでの秩序を維持してきた無言の社会契約が問い直され始めた。それまで、専制主義体制を受け入れる代償として社会的な特権が人々に認められていたのである。ジハード主義とは、そうした裏切られた現実を突きつけ、抗議手段となるとともに、民族主義の専制体制に退場を告げるものだった。そして、誕生期イスラム教の神話が新たな反近代ユートピアを生み出してくれると主張した。

どんな状況下であれ、ジハード主義の伸長と社会で起きる排除の現象には一定の相関性がある。欧州では移民の次世代が社会の底辺に押し込められている。一方、イスラム世界では近代化された社会階層が不遇にある。これまで貧しく無力な階層の代弁者を自称してきた中流階級が落ちぶれた。学歴のある多くの若者に職がなく、腐敗した独裁体制によって社会的に追放されたと感じている。加えて東西冷戦構造が崩壊し、階級闘争によって社会的な不正義を糺すとしたマルクス主義と、すべての問題の奇跡的な解決手段として市場をあがめる自由主義経済という、これまで拮抗してきたイデオロギーの価値がいずれも急落した。それらに代わり、集団救済のユートピアへ導くイデオロギーとしてイスラムが登場してきたのである。

科学の進歩とメディアが育んだテロ行動

文献上では、過激化とは過激主義イデオロギーと組織的な暴力行為を連動させたときとみなされる。過激なイデオロギーを欠いた暴力行為とは多様な形をとる。非行犯罪、衝動にかられた暴力、精神錯乱の場合もある。過激なイデオロギーもあくまで理論にとどまる場合があるし、むしろ多くが実際の暴力行動には至らない。本来の意味で過激化とは、その二つの要因がぴったり結合した時に起きることなのだ。

過激な行動が大規模な暴力へと変貌し、拡大したのは科学技術の新発明があってからのことだ。ノーベルのダイナマイト発明や写真、電信の登場がなければ、十九世紀末ロシアでアナーキストたちが爆弾テロを敢行し、世界中にそのニュースを駆け巡らせることはできなかった。ジハード主義を掲げ、殉教者となる決意をした者も人間爆弾と化して犠牲の道を受け入れるつもりでいる。一歩行動に踏み出し、何十人、もしくは何百人もの犠牲者を道連れにすると、ソーシャルメディアを使って一斉にニュースを世界中に広めていく。そうやって敵を怖気づかせ、支持者をさらに奮い立たせていく。

過激なイデオロギーの思惟と、行動する断固とした決意が連動したとき過激化が成立する。[4] そこに一方だけでは生まれようのない二重の過激性が成立する。すなわち、その暴力行動は過激なイデオロギーを思惟の源泉とするのだが、行為そのものにも特徴があり、たんなる暴力の爆発では終わらない。危険度や必然性を計りながら、ひとたび行為が実践されるや否や、その暴力行動自体が独自の展開を遂げていく。

過激化とはイスラム諸国だけに関係するものではない。西欧にイスラムを掲げた過激集団がいるし、インド、タイ、中国など他の地域にも関係する。非宗教的であれ宗教的であれ、多様なイデオロギーに準拠した過激化が世界各地で可能だ。欧州にはネオナチやネオファシスト、ディープエコロジー[*5]の一分派であるエコテロリズムとか、エコロジー過激主義もある。あるいは暴力を行使してでも堕胎拒否を実践するアメリカのプロライフ運動や、イスラム諸国のホモ排斥がある。それでも、過激化概念の主たる研究対象はイスラム過激主義である。九・一一同時テロの衝撃や中東紛争の混乱のせいばかりでなく、これまでのどんなテロよりもイスラム主義者のテロ攻撃が米欧で脅威となっているためだ。

過激化は段階を経て進行していく。序章となる前段階を経て、過激派運動の活動家として認められるステージへ向かう。次に理論武装があって、過激思想にどっぷりと洗脳されていく。最後は信奉者が現実の暴力行動へと踏み出していく。

過激化に関する理論は、文化、政治、心理、国際情勢の諸要因にそれぞれ関わるばかりではない。過激集団の内部要因に加え、報道とメディア、とりわけソーシャルメディアにまつわる視点を欠かせない。また、過激行動に出る者たちが社会的靱帯を切り捨てるポイントが重要だし、政治状況に対する彼らの価値判断がどうかも大切な点だ。[5] また分析にあたり、外部世界との遮断という、過激集団の特徴に注目する専門家がいる。過激化とは、社会全体を敵視し、かつ強烈な自己確信を有したセクト集団が外部と接触を断つことで現実となるからだ。閉鎖的な秘密集団だと、メンバーは社会と現実世界との関係を断ち、同志としか人間関係を持たないものだ。その同志たちもまた、外部世界と遮断され、社会と対立関係にある。こうした秘密の閉鎖世界で生きつつ無垢な理想世界を望んでいくならば、他者への暴力志向を育み、ますます過激化の道を突き進みやすくなるであろう。[6]

過激な行動を一人きりで実行する孤独なオオカミ、ローンウルフがいる。あるいはそんな一匹オオカミが一歩踏み出て集団に加わり、他のメンバーと交わりながら、外部社会と断絶して暴力行動が生まれる場合もある。そんな集団は秘密のベールを戦術とし、[7]内部に独自の力学を潜めている。暴力行動に関与する以上、監視の危険にさらされるため、構成員同士の共通アイデンティティーを強化して集団の力学エネルギーを高め、団結力を強める必要がある。そこでは、個々の合理的判断は邪魔なものとなる。そうなるや、孤立したセクト集団は現実感覚を失い、暴力行動への吸引力をますます強めていくだろう。もちろん、そうした集団がすべて暴力的になるわけではなく、そのメンバーが過激化するわけでもない。しかし、過激化を促す要因が一つでもあるならば、閉鎖集団は暴力への道をたどりやすい。

ある者にはインターネットを通じた過激集団とのつながりが重要な役割をはたしたりする。そうやって結成された町の「ダチ公」グループが暴力志向を強め、互いをまね合いながらヒーロー礼賛の果てに社会への憎悪をかきたてることもある。そんな集団では、ヒエラルキーの頂

＊5　**ディープ・エコロジー**　一九七三年ノルウェーの哲学者アルネ・ネスが提唱。人間至上主義を否定し、より根源的な環境、自然保護を目指す運動。

点にリーダーが立つのではなく、全員平等に近い。その場合、メンバーの結束が個々人の資質を上回り、リーダーなき過激集団となるだろう。

この類例と違い、最近の刑務所や市街地を舞台に進行する過激化の事例もある。そこではカリスマ性を有したリーダーが決定的な役割をはたし、精神的に不安定な者たちを二、三人の超少数集団に引き込んだりする。

専門家の中には過激化現象を説明する上で、幹部テロリストの決定プロセスに加えて個々の〝歩兵戦闘員〟の動機、これにリクルート上の問題や加入メンバー同士の交流のあり方を総合的に考えようという者がいる。(8) こうした要因が閉鎖集団内部で相乗作用を起こし、過激化を進行させるというのである。

他に近年の文化的特質を重視し、グローバル時代に文化伝統がはたす役割に注目する人々もいる。文化面からのアプローチは「暴力文化」あるいは「暴力のサブカルチャー」といった概念を導入する。不況による経済的不遇と、植民地主義の残滓による差別で傷ついた過去を持つ者がいる。そうした「内なる植民地主義」や社会全体に対して憎悪をたぎらせ、被害者意識を高めた集団ならば、〝正当〟と思い込む暴力を他者にふるっていくだろう。

さらに別の専門家たちは宗教イデオロギーに着目する。欧州で暮らすイスラム系移民の間には厳格なイスラム解釈が溢れている。タブリーグ運動[*6]やサラフィー主義者[*7]の集団がその例である。それらの流行がイスラム教の急進的解釈に親近感を持ちやすくする理由となっている。しかしながら、こうした解釈だけではイスラム以外の宗教がなぜ過激なジハード論へと飛躍しないのか、その理由を説明できない。

過激行動の合理的解釈を示そうという「合理的選択理論」がある。この見方に立つと、テロリストの行動は意識的なものであり、熟慮の末の結果とみなせる。彼らは社会的にも政治的にも重要な標的を倒せる戦略をとる。とくに軍事力ではるかに優り、通常戦争ではとても勝ち目のない相手の場合にそうする。アルカーイダはテロ作戦を採るにあたり、自分たちとアメリカとの力関係や、広く西洋全体を敵に回す損得を想定し、合理的な選択をした。その結果、通常の戦い方では阻止されたであろう行動をとる戦略にたどりついたのである。テロ活動家の過激性にはあらゆる人間的な情を超越した地点で、それなりの「合理性」を有した戦略的計算が機能している。

＊6 **タブリーグ運動**　一九二〇年代、英統治下のインド北部で発足し、パキスタンに本部を置く国際的イスラム組織の布教運動。

＊7 **サラフィー主義者**　初期イスラム時代（サラフ）を理想とし、そこへの回帰を目指す原理主義運動。その中で過激化したジハード主義者が生まれた。

「悪の英雄」を祭り上げるメディア

過激化の新しい形態からいえるのは、想像上の共同体に属する感覚が新鮮で大切ということだ。理想に描くネオ・ウンマ（イスラム新共同体＝始祖ムハンマド時代の信徒集団の再興）に自らを一体化させるジハード主義者の喜び。それは彼らが復元を誓う、抱擁力と神秘的なほどの統一性を備えたイスラム教徒共同体である。いうなればジハード主義者とは、自己喪失を導いた冷淡な社会、非難と存在の無意味さを押しつけてくる社会と一線を引きたいと願う者たちということになる。

筆者がここで示す類例は、グローバリゼーションの世界で生きる行動者たちを分析する社会学のそれに近い。その世界で過激化した個人は三つの行動形態を示すとみている。

最初に、侮辱された個人がとる行動である。フランスの大都市郊外やイギリスにある貧困ゲットー市街地で生きる若者たち、イスラエルから侮辱されたパレスチナの青年層、あるいは多くが理系教育を身につけながら職がなく、国の専制体制からはじかれた中東地域の高学歴の若者たちがそうだ。彼らは社会下層であれ中産階層の一員であれ、自分たちを無意味な立場におとしめ、政治、経済両面で周辺に追いやったシステムを非難してやまない。

二番目に、虐げられた者がとる行動がある。侮辱と欲求不満、社会的かつ経済的な排斥、人種差別の世界で生かされるという思い込み。それは未来のない、閉ざされた扉と向き合わされた、要約すれば内なるゲットーで生きるという事実半分、フィクション半分の世界観となる。消極的な連中は非行犯罪に走り、単独で乱暴沙汰を起こすかもしれない。しかし、反逆する者は内的体験をイデオロギーへと転換し、ジハード主義を信奉して非イスラム教徒への憎しみを増大させるかもしれない。この者たちにとって、イスラムが極左イデオロギーに代わって力の源泉となるであろう。

最後の三番目に、攻撃された集団の構成員の行動がある。先に述べた「ネオ・ウンマ」というイスラム史上、それに匹敵する理想社会が実現した例はないもの、つまり彼らが理想とするその新共同体というのは、そこに属せば屈辱を克服でき、新たな自己証明を与えてくれると信じられている。ボーン・アゲイン（再生）すれば、自分を敵視した社会との関係性を逆転できると考える。たとえばフランスで社会的に低い地位に置かれてきた移民や移民子弟たち、一方、イスラエル占領地ガザで息苦しい居住地に押し込められたパレスチナ人、あるいは不潔きわまりない地区で暮らすエジプトの貧困層。そんな人生を生きてきた者が「虐げられた人々の宗教」となったイスラムの英雄に生まれ変わるかもしれない。戦いを挑もうとする外部世界に向かって、「悪の英雄」たらんとする。つまり、黒く汚れた外部世界から畏怖され、嫌われ、拒絶される度合いが強いほど、栄光に包まれることになる。確かに、信条を共有する者には英雄だろうが、当然、社会の敵ナンバー・ワンとされるだろう。だが、報道でメディア・ヒーローに祭り上げられるという、ある意味で合理的な体験によって、本人のナルシシズムは倍加する。本来、敵方にある報道メディアを介して世界中に名が知れ渡るだろうし、虚像が膨れ上がり、理想化もされるからだろう。

パリのサン・ミシェル駅爆破事件犯のモハメド・メラは首からカメラを提げ、自分の行動の一部始終を撮影し、世界中に配信した。あるいは、九・一一同時テロに加わろうとしたザカリアス・ムサウイのごときは、〇六年の裁判審理でテロ犠牲者の家族を侮辱する狂った陳述を行った。そうすればアメリカ国民の怒りを買い、邪悪イメージが増大するのを知った上での言動だった。その代償に世界中で知名度を上げた。今日、過激化する者が自らの行動を主観的に形づくっていくプロセスで、「邪悪のスター」という特徴は実に重要なファクターとなる。とくにジハード主義者ではそうだし、ノルウェーの大量殺戮犯ブレイビクのような極右の過激主義者にもあてはまる。

ブレイビクは犯行当日、インターネットを通じ、自身の極右思想の喧伝文書を公表した。信条とする文化的保守主義や超国家主義、イスラム排斥、反フェミニズム、白人至上主義、シオニズム支持、反多文化主義、イスラム排斥、反「ユーラビア[9]」、すなわち欧州のアラブ化拒否を並べ立て、キリスト教文明の防衛と欧州からのイスラム教徒追放を文章で呼号した。これらを今世紀末に実現を目指す欧州独立宣言『マニフェスト２０８３年』と題して、本でいえば一五一八頁相当の膨大な文書にまとめ、しかも世界中の人々が読めるようにノルウェー語ではなく英語で全文を綴った。それを千人以上に直接送りつけ、さらにノルウェーで極右勢力が運営する電子マガジン『document no』（拒絶の文書館）にアップした。なぜ凶行に至ったか動機の情報公開を意図したものだが、世界中に過激行動へ誘惑のメッセージを放つ目的もあった。ブレイビクの大量殺戮の裏には、新生ヨーロッパ実現という自分勝手なプロジェクトを喧伝する計算が働いていた。

こうした三つの過激行動の形態はグローバリゼーションと切り離せないし、過激活動家もグローバル時代を完璧に自分たちのものとしている。彼らの行動と世界中のメディア報道とは分かちがたく結びついている。情報には象徴的な意味があるので、恐怖を抱かせ、かつ誘惑する魔力をもつ。またショッキングな映像やイメージで敵をコントロールもできよう。行為の残虐さばかりか、テロリストの力を誇示できる。現実の被害とともに大騒ぎを起こすことそのものが、過激な者の行動目的となる。

過激行動に出る者は常に、本人ばかりか彼が属した集団も国や社会から不公正に扱われており、たとえ社会改革者が現れようと、その不公正は正されないと思い込んでいる。不正義によるという被害者意識が必ずしも過激化を導くわけではないが、あらゆる過激化現象にはこの不公正への憤怒が前提にある。不正義への怒りの源泉は、日常生活に溢れている。ロシア軍によるチェチェン弾圧、イスラエル軍のパレスチナ人抑圧、インド軍のカシミール住民支配など、その実例だ。実際、これらの地域で民族主義者たちが過激な抵抗に打って出ている。個人的な体験や見聞から始まった不正義への怒りが、過激化の途上にある活動家の世界観全体に影響することもありえよう。

マグレブ（北アフリカ）系の若いフランス人で社会の底辺で生きる若者が、鎮圧行動に出た機動隊と大都市郊外で対峙した時、自分をイスラエル軍に立ち向かうパレスチナ人と重ね合わせるかも知れない。仏警察部隊がイスラエル軍のはずがない。想像力の投影と現実とは一致していないにもかかわらず、思い込みが膨張し、自分が直面する政治、社会的状況そのものと化すことがありえるだろう。

こうした事例を見れば、フランスの都市郊外に住む若者が西洋世界におけるイスラム教徒の虐待を信じ込み、過激化したとしてもおかしくない。仏警察にはイスラム嫌いの悪評がある上、自分たちが機動隊に手ひどく扱われた体験をもとにボスニア人、アフガン人、イラク人、マリ人の例を挙げて、フランスはアメリカに同調し、世界中のイスラム教徒を弾圧していると結論づける。そうなると、自分がイスラム救済者へと変身したり、フランスにいる者ならばモハメド・メラのような爆弾テロ犯としてジハードに立ち上がるか、国外ならば元受刑者が導師となって活動家をリクルートしていた「ファリド・ベニエトゥ集団」[*8]のような過激組織につながったりするだろう。

人が過激化していく上で想像力や主体性、他人の体験を取り込む擬態能力、それに代理体験に加え、屈辱感が重要な働きをする。社会から排斥された北アフリカ出身の若いフランス人は自分とパレスチナ人を同一視するし、イスラエルや西洋から辱められるアラブのイスラム教徒全体と一体化しようとする。たとえば、イギリスで「パキ」(10)と蔑称で呼ばれるパキスタン系の若者は、インド軍に抑え込まれた紛争地カシミール住民と自分を同一視するだろう。チェチェン出身の青年であれば、弾圧するロシア軍に立ち向かおうとするだろう。現地の現実からかけ離れているのに、代理体験を通じて自分の移民先の国を敵視するようになり、過激化する場合もあるだろう。ボストン・マラソン爆破事件[*9]を起こしたチェチェン系ツァルナエフ兄弟がそんな一例だ。兄弟はイスラムから派遣された宣戦布告者だと称していた。犯行によって移民先の

***8　ファリド・ベニエトゥ集団**　二〇一五年一月、パリで風刺新聞『シャルリ・エブド』襲撃事件を起こしたクアシ兄弟などを過激化させたベニエトゥを指導者とした。風刺新聞事件で一躍注目が集まった。ベニエトゥは〇八―一一年、テロ集団との関係で投獄されていた。

アメリカに容赦のない戦いを挑むと宣言したに等しい。

このように、過激化には想像力の役割が極めて大きい。インターネットやテレビ画面に流れる修正された映像から想像が始まる場合があるし、町の「ダチ公」やインターネットで知り合った遠方の知己、あるいは刑務所で親しくなった「ムショ仲間」が、そのイスラム信仰やアラブ人、黒人、マグレブ系という人種を理由に不公正に扱われてきたのを知り、過激思想に目覚めていく例も少なくない。

過激化が政治的事象であるのは否定しえないが、人類学でいえば政治として扱われる以前の基底政治（インフラポリティックス）か、既存政治を超越した超政治現象と把握されるべきものだ。政治以前とは何か。過激化した人物は政治的に可能な解決策を探すのではなく、情緒的な思い込み、かつ暴力の刺激で怒りと変革への感情を爆発させる。暴力が解決をもたらすことがあるかもしれないが、相手と交渉どころか、激高させて緊張を高めてしまい、反生産的な結末で終わることが多い。超政治的といえるのは、理想のユートピアが過激化の原動力になる事実を指す。ジハード主義者にとって正統カリフ統治時代の復活となるネオ・カリフの理想郷とは、すべてのイスラム社会が目指すべきものだ。かつ世界中の政治の普遍的な目標となってよいものだが、かつての左翼が叫んだ階級なき社会と同じく実現不可能なものである。

彼らが過激化現象によって国家を超越し、諸国家にまたがる理想郷を目指すという以上、通常の政治学の論理ではうまく解釈できるものではない。ロバート・ペイプ[*10]は自爆テロ攻撃のほとんどが始祖の地を外国軍に占領されたために起き、決して宗教的理由からではないと主張した。実は筆者が強調したいのは、その理想郷の違いを区別することにある。

第一モデルとは理想郷を限定的にとらえ、民族の悲哀を踏まえて現実的な要求を突きつけていく場合だ。その際、民族主義あるいはイスラム教ナショナリズムが広く支持を得る基盤となる。追求される理想は具体的であるべきで、すなわち憲法制定国家である。パレスチナ人がその典型例であり、カシミール住民やチェチェン人もそうだろう。もし、この現実的な理想郷を否定され、活動家たちがその実現を絶望視するに至れば、筆者が「常軌を逸した熱情で希求する」と呼ぶ、第二モデルの目指すユートピアが現れる。そこで過激化が起きれば、現実的な理想郷が実現できなかった故の反動とみなせよう。しかし、そうした過激化は現実的な理想郷が否定されなくても起きえるし、必ずしも第一モデルから波及するわけでもない。

現実的な理想が希求される場合、確かにペイプ氏の自爆テロにまつわる仮説は有効である。

＊9　**ボストン・マラソン爆破事件**　二〇一三年四月、マラソン・ゴール付近で仕掛けられた爆弾が爆発、三人死亡、負傷二八二人。その後犯人逮捕の銃撃戦でも死傷者が出た。

＊10　**ロバート・ペイプ**　米政治学者（一九六〇―）。シカゴ大学教授で安全保障、テロ問題を講義。

なぜなら、始祖の地を長期占領され、占領軍の軍事力との差をまざまざと知らされた者にとって抵抗の有効な一手が自爆攻撃となるからだ。しかし、狂おしいまでの熱情をもって別な理想郷が求められる場合は違ってくる。たとえばグローバルな帝国主義に対する闘争とか、世界に階級のない社会を実現するとか、あるいはアルカーイダとその思想に鼓舞された集団が訴える理想のネオ・カリフ社会を築くとか、である。そんな夢が近い将来、現実になるとは思えない。欧州で発生するイスラム主義のテロ戦術や自爆攻撃は、かれらの始祖の地が外国軍隊に占領されたから起きているわけではないし、テロ犯のほとんどは欧州生まれだ。彼らは二重の屈辱を抱える。自分が欧州で突きつけられる屈辱があり、国外のイスラム諸国が攻撃にさらされた痛々しい状況がある。そこから先は行為者の想像力しだいとなるだろう。求める理想が違えば、過激化も違った形態をとるのである。

過激化プロセスにおいて広く共有される情念がある。それらはまず屈辱と絶望感であり、もう一方にはもっと深い恥辱を敵に与えてやるという決意と、狂人の夢想のような神学的なユートピアの実現という信念である。屈辱と絶望感さえあれば、必ずしも狂人の神学がなくとも暴力行動をとれるし、過激化も可能だろう。ただし、敵対者に深刻な屈辱を与えてやろうという決意はすべての過激化モデルに見て取れる。過激イスラム主義には辛抱強くジハード主義を貫徹すれば、神が降臨してイスラムに基づく永遠の神権政治が与えられるという教えがある。その教えが過激活動家を鼓舞する。傲慢な西欧に対し、深刻な屈辱を味わわせてやりたいという願望と、自分たちの理想を敵対視する世界を侮辱してやるという決意が、このイデオロギーにはある。敵を侮辱し、貶めるため、激しく挑みかかる世俗的動機と、もう一方で巨大な敵を消滅させてくれる神を待望する信仰。つまり過激イスラム主義とは、外的と内的世界の両面を合わせもつイデオロギーなのである。

原注

(1) ここで「テロリスト」と表記したのは、ジャーナリズムの用語法に従っている。一方からテロリストと断罪される者が、もう一方から見れば抵抗者、あるいは解放者とみられる事実を承知した上でのことである。

(2) 実際にイスラム諸国で過激イスラム主義者のテロで犠牲となる数は、この一〇年で西洋諸国に比べ、はるかに大きかった。

(3) 歴史上、テロリズムの語源は比較的古くて一七九四年に遡る。フランス革命時にロベスピエールが指導した恐怖政治下で、権力者たちの政治理論を意味した。国家権力の執行方法であって、国家に反逆する者の手段を意味したわけではなかった。フランスの恐怖政治時代とは一七九三年三月から九四年七月まで。革命以前のアンシャン・レジーム下で国家に力で抵抗する場合、ティラニシッド（僭主殺害）の用語が使われた。テロリズムが国家や権力との闘いを意味するようになったのは十九世紀になってからのこと。

（4）コスロカヴァール著書（〇一年と一〇年）参照のこと。巻末に詳細な参考文献を提示してある。

（5）とくに過激イスラム主義の理論的概説はKhosrokhavar: Explanatory approaches to Jihadism. Chap. 1.

（6）Donatella Della Porta, «Research Design and Methodological Considerations», in D. Della Porta & C.Wagemann (ed.), *Patterns of Radicalization in Political Activism; Research Design*, Veto Project Report, Florence EUI, 2005.

（7）McCauley & Moskalenko（2011）. 著者たちは個人あるいはグループが特定の集団で抱く不満や不平に着目しつつ、彼らが過激化へと導かれるプロセスを検証した。集団内で自由を失うにつれ、ヒロイズムや冒険、危険を顧みない蛮勇へと傾斜していく。それが彼らを集団の上位に立たせていく「スライド傾斜」と呼ばれるプロセスだとして、分析している。

（8）Ami Pedahzur（2004）: 三段階のモデルを提示する。

（9）ユーラビア（Eurabia）とは欧州の極右勢力がイスラム化するヨーロッパを糾弾するために用いるスローガン用語。

（10）英国大都市の貧困地区で暮らすパキスタン系イギリス人のこと。

第2章　歴史をたどる

暗殺団と過激化の始まり

私たちの言う過激化、つまり限定的なグループに適用される過激化の歴史には、いくつかの時代区分がある。十一世紀の「暗殺団」が、前近代世界における組織的過激化の試みの最初のものだと言われる。

当時、イランの現在の首都テヘランから約一〇〇キロ北にあるアラムート砦を中心とする小国を率いたハッサン・サバが、忠実な部下たちによるグループを組織した。いつでもその命令に身を捧げ、命じられた相手を殺害できる忠僕たちの集団だった。シーア派の小分派であるイスマーイール派に属するこの秘密団体は、とりわけ一〇九二年、セルジューク朝の宰相ニザーム・アルムルクを殺害するなど、サバの政敵に対し、恐るべき威力を発揮したことで知られる。洗脳と、過激で宗派的な思想と暴力的行動が合わさって今日使われているような意味での「テロ」を実行した。伝説では、サバは麻薬のハシッシュを用いて配下の者たちを幻惑し、自分の住むアラムート砦のきれいに手入れされた庭園で、まるで天国の愉悦を味わわせたりもしたという。

十九世紀から二十世紀冒頭の無政府主義テロ

近代世界でしばしば暴力を企てたというのは、十八世紀末の欧州における新たな労働者運動が最初である。それは労働運動が組織化され、空想的社会主義者やマルクス、エンゲルスによって社会構造の代替計画が構築される以前のことだった。職工たちは散発的に暴力に訴えて、自分たちから伝統的な仕事を奪った機械や、さらには彼らがグループとして組織されるのを妨害する治安部隊に攻撃を仕掛けた。初期の労働組合には、警察や工場主の雇った民兵の脅しを受けながら誕生したものが少なくない。

帝政ロシアのような国では、権力は、反動的な体制支持者に加え、生まれつつある知識人や労働者のグループと二正面で戦った。そこに急進的な知識人集団が形成されていき、社会のより広範な部分、とりわけ知識人層や中産階級の中核や科学者など、近代化の途上にあるグループが過激化していくにあたって、無視できない影響力を持つこととなった。たとえば、ニヒリスト（虚無主義者）やデカブリスト[*1]、多数の「独立系知識人」が専制政治に反対し、ロシアに現れつつあった新しい労働者階級の支援者となった。そしてプロレタリア革命を説き、権力による専制政治と農奴制の継続に対する「人民の」暴力を正当化した。農奴制は一八六一年になって、やっと部分的に廃止された。二五年のデカブリストの乱は失敗に終わっていたが、首謀者たちへの弾圧が続いた。その残酷な弾圧が、その後に続く新しいグループを過激化させていった。彼らは、ロシアの専制政治体制の内部改革が可能だという考えを棄てた。特に、十九世紀の最後の四半世紀に勢力を伸ばしたロシアのアナーキズム（無政府主義）組織「人民の意志」は、八一年三月に皇帝アレクサンドル二世を暗殺して名をはせた。

＊1　**デカブリスト**　一八二五年十二月、専制と農奴制の廃棄を掲げて、ロシアで初めて武装蜂起をした貴族の将校たち。ロシア語で十二月をデカブリということから、そう呼ばれる。

アナーキズムは、十九世紀に資本主義とそれを支える権力、さらに欧州における古くさい専制政治に反対する革命的暴力の担い手となる。合法主義を拒否するイデオロギーの観点に立った暴力行為は、もっぱらアナーキスト（無政府主義者）が「事実によるプロパガンダ」と呼ぶものを目指していた。それは文書や演説によるプロパガンダに連結し、合法的手法ではダメだとし、革命に通じる唯一の道として「継続的反乱」を推進するものだった。

四八年の革命は、欧州とラテン・アメリカのあちこちで失敗に終わり、各国の専制政治権力によって鎮圧された。七一年パリ・コミューンも挫折し、コミューン参加者三万人が軍によって処刑された。その結果、社会主義への平和的、合法的移行を期待していた大部分の知識人や活動家が絶望したのは間違いない。

アナーキスト・グループの過激化は、集団的独裁が支配する閉ざされたグループが作られたことで具体化した。「人民の意志」グループに入ることはできても、脱退は禁止された。出ようとすれば、物理的に消されてしまう。

また、『人民の意志』の執行委員会メンバーは全員、革命に力を尽くすこと、革命のために、血縁関係、個人的な感情や愛や友情をすべて忘れ去ること、生命を惜しみなく投げ出すこと、自分の所有物などは何もないこと、個人的意思を放棄することを誓約した。誓約する儀式があったのだ」（Cannac）という。

前述のハッサン・サバー派の誓約に似ている。ただ、サバー派は、「偉大な指導者」が指名した人物を殺したり、脅したりすれば天国に行けると考えたのに対し、「人民の意志」派は、鎖につながれた人民の名で委員会の命令を実行した。一方は聖なるものが宗教であり、他方は世俗だ。しかし、どちらもアンタッチャブルで、議論の余地のないものから命令が来ている。十九世紀にロシアのアナーキストが導入した「事実によるプロパガンダ」には、とりわけテロ行為、懲罰処置、破壊工作、ゲリラ行動、その他の形態の暴力活動が含まれていた。

十九世紀末から二十世紀初めにかけて、数多くの暗殺が、アナーキストによって企てられた。成功したものもいくつかある。中でも、九四年六月二十四日、仏大統領サディ・カルノーが暗殺され、九七年八月、スペイン首相のアントニオ・カルバス・デル・カスティーリョが、バルセロナのアナーキストたちへの拷問と処刑に対する報復で殺された。

九八年九月十日にはオーストリア皇后エリザベートが、一九〇〇年七月二十九日にはイタリア国王ウンベルト一世が、一九〇一年九月十四日には米大統領ウィリアム・マッキンリーが、二三年一月二十二日にはフランスの国粋主義団体「アクション・フランセーズ」創設メンバーの一人、マリウス・プラトーが、それぞれ暗殺された。ドイツ皇帝ウィルヘルム一世、フランスの首相ジョルジュ・クレマンソー、イタリア首相ベニト・ムッソリーニらの暗殺計画は失敗に終わった。

全体としてみれば、アナーキズム運動は、世論に印象づけるためだけでなく、そのメンバーへの弾圧に復讐し、あるいは有産階級に対する反逆に労働者階級を動員するために、政府権力を攻撃した。暗殺の陰謀を実行したのは、欧州のいくつかの国の革命家たちだった。現代欧州の政治統合よりはるか以前に、暴力行為者のインターナショナルが実現していたわけである。

アナーキズム運動は、いくつかの点でアルカーイダ運動と似ている。どちらも国境を超える。目標もグローバルで、西側世界への不満、現行法の枠の拒否、暴力イデオロギーの正当化などである。どちらのメンバーも、大義のために生命まで捧げる。国境はもう障壁ではなかった。その活動はアジアと中南米にはほとんど無関係だったが、ロシアでもフランスでも、アメリカ、イタリア、その他の国々のどこでも起こりえた。アナーキズムの暴力は、当時の世界的秩序の中で人民階級が悲惨な状態にあえぎ、各国の権力側による弾圧が極めて厳しかったことへ対抗する意味があった。(1)

今日、アルカーイダやそれと対立するジハード主義グループは、イスラム教徒、特に彼らの言う、西側諸国の十字軍と共謀したシーア派によって抑圧されているスンニ派の運命とか、パレスチナ問題の存在とイスラエルによる弾圧を暴力正当化の理由に掲げる。テロ行動の始まりには、暴力へ導く論理が大きく作用する。軍事的に劣り、その劣勢を補うためにこの手段を用いるグループの戦いを過激思想が支えている場合は、特にそうだ。暴力を受けていると知覚し、イデオロギー軸に基づいてそれを解釈し、こちらも暴力行動で対抗しようと考える。その結果が過激化である。

一九七〇―八〇年代の極左過激集団――「赤い旅団」「赤軍派」「直接行動」

十九世紀末から二十世紀初めにかけてのアナーキストの暴力の後、政治的暴力が吹き荒れ、「鉛の時代」と言われた一九七〇―九〇年代、極左イデオロギーの過激化を土台とする新たなタイプの暴力行動が欧米に出現した。欧州では、主として三つの国がこのタイプの暴力の標的となった。フランス、イタリア、ドイツである。フランスの極左集団は「直接行動」、イタリアは「赤い旅団」、ドイツは「赤軍派」(RAF)だった。アメリカでは、「ウェザーマン」とか「シンビオニーズ解放軍」(SLA)といった過激グループが、さまざまな目標に対する攻撃を企てた。十九世紀末の暴力的アナーキストのやり方を再現するものだった。これらの運動は、複雑に入り組んだ社会と政治的仕組みに対する反作用として出現したのである。

一方では、中南米やアフリカ諸国における右派、極右の独裁政治の樹立があった。中南米ではチリで一九七三年、アウグスト・ピノチェト陸軍司令官による軍事クーデターがあり、サルバドル・アジェンデ大統領の民主主義の実験を終わらせた。そして、いくつもの独裁政権が協力し合って反対派を追撃し、排除するコンドル作戦なるもの[*2]を実施し、「汚い戦争」で彼らの遺体まで闇に葬り去った。アフリカでは、九〇年代末のナイジェリアのアバチャ将軍の独裁やギニアのセクー・トーレ大統領の専制統治、モロッコ国王ハッサン二世の治世の硬直化などがあった。

他方、労働者階級の代表という看板を掲げた政党が革命志向を失い、選挙の道を選んだ。第二次大戦後のフランスやイタリアの共産党が、その代表格である。そのため、革命的左翼の一部には見捨てられたという失望感が生じた。フランスでは、六八年五月革命で情熱的で混乱しきった理想郷が描かれたのだが、その後の選挙では右派政権が追認された。イタリア共産党は、選挙での躍進に力を得て革命の道を放棄し、はっきり武力行動ではなく議会政治の道を選択した。

イタリアの「赤い旅団」運動はメンバーが一〇〇〇人以上を数え、メンバー数でも加わった革命組織の数でも中心的なものだった。その活動の頂点は、七八年のアルド・モーロ元イタリア首相の誘拐事件である。イタリア政府が交渉を拒否し、五五日間の監禁の後に元首相は処刑され、遺体で発見された。

このグループは七〇年十月、アルベルト・フランチェスキーニとレナルト・クルチョによって結成された。第二次大戦末にイタリア共産党が放棄した、左翼共産主義の武装闘争の再開を企図していた。一味のゲリラ活動家は、彼らが「武力プロパガンダ」とか「武力闘争」と呼ぶものに乗り出し、暗殺や、狙った人物の足へ向けた発砲、国家の代理人である警官や司法官ばかりか、ジャーナリストや政治家までを対象とした拉致監禁といった暴力行動を繰り広げた。彼らは七九年一月のギド・ロッサ殺害事件のように、労働組合の指導者まで暗殺した。ロッサは、「赤い旅団」のビラを配った労働者を非難したため殺されたのだった。

この運動は八一年以後、いくつかの小グループに分裂した。その小グループの一つは、八八年に旧西ドイツ（ドイツ連邦共和国）の「赤軍派」に合流した。八〇年代に入ると、「赤い旅団」の第一世代メンバーの大部分が武力闘争を放棄した。だが、第二世代が現れ、暴力行動を続行する。二〇〇二年三月にはイタリア政府顧問が殺害され、それに続き、〇五年に「赤い旅団」のメンバー五人が無期刑を言い渡された。〇七年二月、一五人のテロ容疑者が逮捕された。警察によれば、彼らは犯行を準備中だった。そのグループは新参の若者たちと、古参のメンバーが混ざりあう構成となっていた。〇九年六月には、「新・赤い旅団」に属している容疑で六人

＊2 **コンドル作戦** 一九七〇年代半ば、南米のアルゼンチン、ブラジル、チリ、パラグアイなどの右派独裁政権が実施した反共の政治的抑圧・テロ作戦。少なくとも六万人が殺されたとも言われる。

が逮捕され、イタリアで開催される主要国首脳会議（G8）サミットに対する犯罪を計画していたとして起訴された。

フランスはミッテラン大統領の時代に、仏領内に逃げ込んできた三〇〇人ほどの「赤い旅団」メンバーについて、流血の犯罪に関係した者以外は、暴力行動を計画しないと約束すれば、イタリアへ身柄を引き渡さないと決定した。フランス知識人たちの彼らに対する共感が背景にあった。その間、イタリアでは八一年、「赤い旅団」に近い一五二三人がテロ罪で投獄されている。またソ連は、「赤い旅団」に物資補給の支援をしていた。旅団メンバーの一部は、密かにチェコスロバキアに滞在していた。一方、「赤い旅団」内部に米中央情報局（CIA）やイタリアの秘密機関エージェントが入り込んでいた、という話もある。

「赤い旅団」メンバーの過激化は、まずイタリア情勢に特有の論理によるものだった。イタリアでは、特に中産階層出の人々が、労働者階級の代表を自認しながら国の議会勢力となった共産党が放棄した階級闘争を、武力で押し進めようとしたのである。神聖化されたグループを代表するという「思い込み」による過信は、現在のイスラム・ジハード主義運動にも見られる。ジハード主義運動のメンバーは、自分たちこそイスラムの真の擁護者だと称している。そして、イスラム教が伝統的なウレマ（イスラム法学者）や「イスラム教国」と言われる国の政府（サウジアラビア）、さらにはイスラム世界以外の政権によって愚弄されている、と考えている。

これらはみな世界的な邪教崇拝、別名十字軍またはシオニズムの帝国主義に買収されてしまった、と言うのである。

この自分たちこそは聖なる階層（労働者階級とかイスラム、あるいは西洋）の真の代表者だという自信が、グループ・メンバーの心の中に深く根づくとともに、その思い込みが暴力行動へ誘い込む急進的イデオロギーによって正当化されてきた。だからこそ、過激化が容易に起きた。

時が経つとともに、組織というものは若者に闘争のメッセージを伝えるとともに、新たなメンバーを集めて行動を継続できるように変化していかなければならない。アルカーイダなどのジハード主義組織も、議論を交わすことによって世代間の溝を埋める。その際の議論では基本語彙はあまり変わらないが、レトリックと文法はリーダーとメンバーの関係、あるいはイデオロギーを同じくする異なったグループ間の関係、政治的、国際的な脈絡の変化への適応など新たな状況に適合したものとなる。

一九九〇年代以後、「赤い旅団」運動は、息切れの兆候を示すこととなった。グループのメンバー逮捕が続いたことと、イタリアの政治空間の中で暴力行動の正当性が失われたことが原因だった。

フランスの「直接行動」はアナーキスト集団であり、その名称は同じ名のアナーキズム理論からとったものだ。グループのメンバーは推定約一八〇人。一九七九年から八七年にかけ、フランスで八〇件以上の暴力行動を実行し、死者一二、負傷者二六を数えた。この運動は八二年に非合法化され、その後はテロ組織と見なされた。組織終末期のメンバーたちは八七年に逮捕され、裁判にかけられた。そして、被告人たちは仏国防省高官のルネ・オードラン将軍や、ルノー公団のジョルジュ・ベス総裁、軍の他の指導的幹部たちやフランス実業界の著名なメンバーを暗殺したほか、さまざまな犯罪事件、とくに国際刑事警察機構や西欧同盟（WEU）のオフィスでの事件を起こしたかどで有罪を宣告されていった。

運動は、もともとアナーキズム志向のメンバーと、マルクス・レーニン主義傾向の者たちに割れていた。前者はドイツの「赤軍派」に近かった。七九年にゲリラ組織へと変化し、帝国主義的資本主義、国家、大企業家への攻撃を容認するようになった。武器や爆弾は盗んだり強奪したりで手に入れた。八一年に社会党のミッテランが大統領に選ばれた後、組織は二つのグループに分裂した。一つはユダヤ人排斥の犯罪を続けながらも、革命闘争は放棄した。別の派は八五年以後、欧州における革命闘争を統一するとして、「赤軍派」へ合流した。こうして、八二年から八七年まで、「直接行動」は警官や大実業家や高級軍人などを標的にした犯罪をいくつも実行した。しかし、その指導者たちは八〇年代のうちに逮捕され、重い刑に処せられていく。

旧西ドイツの「赤軍派」は、そのリーダーのアンドレアス・バーダーとウルリケ・マインホフの名前をとって、バーダー・マインホフ・グループとも呼ばれている。ドイツの極左都市ゲリラ組織で、七〇年から九八年まで西ドイツで各種犯罪、誘拐、暗殺を繰り広げた。元はドイツ学生運動の過激派である。

ドイツの学生運動は六〇年代末に、六七年五月のイラン国王訪独に反対したり、米帝国主義、ベトナム戦争、六七年のボリビアでの革命家チェ・ゲバラ殺害などを非難する活動を行っていた。その一方、国の内政面では六六年十二月、キリスト教民主同盟・キリスト教社会同盟（CDU・CSU）の右派陣営と、ドイツ社会民主党（SPD）との政治的大連立ができあがったのに対して、急進的左翼は手をこまぬいているだけだった。

そんな折の七〇年六月、雑誌『Agit 883』[*3]に「赤軍を樹立する」という文章が掲載された。これが赤軍派創設の公式宣言だった。その目的は、「階級闘争を支援し、プロレタリアを組織し、武力抵抗を開始し、赤軍を設立すること」である。グループのメンバーのうちの何人かは、ヨルダン領内にあるパレスチナ解放機構（PLO）の主流派ファタハ[*4]のキャンプに泊まり込んで、

＊3 『Agit 883』 一九六九―七二年に西ベルリンで刊行されていた極左の半秘密雑誌。

武器や爆弾の取り扱いを学んだ。必要な資金を賄うのは強盗、強奪などの犯罪によった。「直接行動」や「赤い旅団」と同様だった。約五〇人のメンバーを逮捕しようとした警官隊との撃ちあいで、警官二人、通行人一人が死亡したこともあった。七二年には米軍施設や国内の公的機関に対する爆弾事件で、四人を死亡、約三〇人を負傷させた。

「赤軍派」第一世代の主要な指導者たちは、七二年六月に逮捕、拘禁され、隔離されて非人道的な状態に置かれた。うち何人かは七六―七七年に、はっきりしない状況で死亡した。七七年四月、残っていた者たちも無期刑を言い渡された。

その後を継いだ第二世代のメンバーは、ハイデルベルク総合病院の精神科の患者たちが七〇年二月に結成した「ハイデルベルク患者社会主義集団」に参加していたか、第一世代の裁判の弁護人によって集められた者たちである。さらにこの後、第三世代もいたことはいたが、活動家は一〇人足らず。七〇年の創設から八九年の解散まで、この運動の活動メンバーは合計六〇―八〇人、彼らが暗殺したのは三四人である。

これらの欧州の三大極左テロ集団は、活動期間が二〇―三〇年で、メンバー数が比較的限られていたこと（「直接行動」と「赤軍派」は一〇〇人以下、「赤い旅団」は一〇〇〇人前後）、メンバーはその国内だけで集められていたことなどが特徴だった。例えば「直接行動」と「赤軍派」のように同盟結成が試みられた場合でも、そのインパクトは結局、限られたものだった。反帝国主義、反資本主義など国際主義に感化されてはいても、行動は国内にとどまった。過激な行動への意思を第二、三世代以上に長く伝えることもできなかった。

全体的に見て、ベルリンの壁の崩壊がこれらのグループの弔鐘を鳴らすことになった。彼らは警察に弾圧され、また自ら疲弊してしまい、新たな世代をしっかり育成する能力もなかったため、活動に終止符を打たざるをえなかったのである。だが、イスラム武装勢力はそうではなかった。こちらは八〇年代からずっと続いて、せいぜい変化があったというぐらいで疲弊の兆候などまったく見せていない。

アルカーイダの盛衰、アラブ革命とジハード主義の復活

これらの極左過激派と比べれば、アルカーイダは一九八〇年代から数世代にわたり続いてきた過激化を土台にして、国境を越えたテロを完成したといえる。この組織は、多かれ少なかれ象徴的なつながりによって、アルカーイダの理想や政治的狙い、闘争の手法を共有すると称し

＊4　**ファタハ**　一九五〇年代末に、ヤセル・アラファトらによってパレスチナ解放を目的として創設。パレスチナ解放機構（ＰＬＯ）の主流派。

た数多くのグループを代表する名義人となった。

アルカーイダは、いくつもの異なる時期をくぐってきた。八九年まではアフガニスタンでソ連と戦い、西側から見れば、合法的と思われる時もあった。次に、西洋との戦いの時期。これは二〇〇一年九月十一日の米同時テロ事件で頂点に達した。最後に、米軍に押さえ込まれて指導的幹部の大部分が排除され、弱体化した後、多数の小集団が新設された時期。これらの小集団はアルカーイダから着想を得て、その闘争を継続すると明言し、新たな組織を結成している。すなわち、自給自足で財政的に自立したグループが並立し、組織面では次第に小規模のものとなり、管理面では常に指令権力の分散が進められる。インターネットを使い、将来の世界的なイスラム教国ネオ・カリフ（新教主）国というビジョンを組織的なつながりのない多数の小グループ同士で共有している。

「イラク・シリアのイスラム国」（ＩＳＩＳ）または「イスラム国」（ＩＳ）のように、北アフリカやシリアとイラクでは、ある程度統合された集団ができあがった例もある。そのように現場で提携協力することはありえる。だが、それぞれのグループはより柔軟になり、形を変えて国際的な鎮圧作戦を逃れ、特にインターネットを駆使してメンバーやシンパを引き寄せる。そんな組織の柔軟性の増大が、彼らの変化の特徴となっている。アルカーイダに象徴されるジハード主義グループの進む道には障害が山ほどあるが、それでも欧州のイスラム移民居住地区でも、中東の近代化された中産階層の新世代の間でも、新しい世代の過激化に成功している。

「アラブの春」と呼ばれたアラブ革命が起き、チュニジア大統領のベン・アリは一一年一月十四日、サウジアラビアへと逃亡し、エジプト大統領のムバラクは同じ月の二十五日にエジプトでの民衆蜂起に遭遇し、革命が始まってから一八日後、辞任に追い込まれた。その革命とともにジハード主義の新たなページが開かれ、新しい形の過激化が日の目を見ることになった。

アラブ革命の当初は、むしろ社会運動としてのジハード主義の危機だった。その戦闘ビジョンと絶え間ない暴力によっても、アラブの政権を一つも転覆させられないでいたのとは逆に、平和的革命運動の参加者は素手でアラブ世界で最も専制的だった政権を二つも打倒したのである。ジハード主義グループは使命の面からもイデオロギーの面からも、危機に陥り、守勢に立たされた。

しかし、このアラブ革命はまた、多くの過激なイスラム教徒が出獄できる機会をもたらした。恩赦を受けたり、あるいは社会の不確実な時期や中央権力の空白が続いたおかげで刑務所の門が半ば開かれたからである。

アラブ革命の幸福感の高揚は、数か月しか続かなかった。エジプトでもチュニジアでも、経済状況が悪化していった。両国とも観光業に依存しているが、観光業は政治的不安定を嫌う。

そのため、これらの国々の社会で最ももろいカテゴリーに属した経済資源が危うくなった。一二年、エジプトではムスリム同胞団、チュニジアではイスラム政党のエナダ党が合法的に政権の座についた。どちらも、最初のうちはジハード主義者に対してソフトな姿勢を示した。彼らを説得し、非暴力の統治に合流させられると考えたからだ。

その結果、このムスリム同胞団政権の時期に、イスラム過激派がシナイ半島に根を広げることができた。同様に、チュニジアではサラフィスト（サラフィー主義者）という武力闘争運動が、首都チュニス周辺の貧困地区とシディブジド市のような開発の遅れた地域で強固な拠点作りに成功した。シディブジドは一〇年十二月、モハメド・ブアジジという青年が自殺し、それをきっかけに民衆が蜂起し、「ジャスミン革命」が始まった場所である。こうして、チュニジア最有力の武力闘争組織でサラフィストの「アンサル・アル・シャリーア」が地歩を固めた。その指導者はアブ・アヤドと言い、ベン・アリ大統領時代に長期刑を言い渡されていたものの、革命の後、恩赦で刑務所を出所した男である。この組織は一二年九月、チュニスの米大使館襲撃事件に参加し、一三年二月のチョクリ・ベライドと、同年七月のモハメド・ブラヒミという二人の政治指導者殺害事件にも関わった、とされている。

このほかにも一一年十月のカダフィ政権転覆後の「破綻国家」リビアの情勢が悪化し、兵器庫の武器の大半が軍閥の手中に落ちる事態が起きた。軍閥はマリを初めとするブラック・アフリカだけでなく、中東のジハード主義者などさまざまなグループに武器を売り払えた。

イエメンでもジハード主義グループが伸長した。それは、サレハ大統領の戦略によるものだった。本来とは違う奇妙な手法で、武力闘争グループを助成してテロとの闘いを展開し、アメリカの援助を獲得するという戦略である。サレハ大統領は一二年二月に退陣に追い込まれたが、もともと中央の国家権力が弱い地域に根を下したイスラム過激派の勢力に大きな変化を与えることはなかった。

ジハード戦士を最も引き寄せ、イスラム過激派が教義の正当化という恩恵に浴している場所は、間違いなくシリアである。シリアのアサド政権はイスラム教アラウィー派であり、二重の意味でイスラム教の逸脱者だ。まずシーア派の多くの人々にとってアラウィー派は逸脱者である。イスラム主流派のスンニ派の過激派にすれば、そのシーア派全体が異端者で、その信奉者は死刑に値すると考えている。アサド政権は、スンニ派が大多数を占める自国民と戦争をしているのだから、ジハード主義者にすれば、自分たちの過激なイスラム教解釈をもとに聖戦の火ぶたを切る黄金の機会を見出したことになる。

このジハードに参加することは、全イスラム教徒にとって「絶対的な義務」と宣言された。欧州、中東、北アフリカ、アメリカ、パキスタンなど世界のほとんど至る所から、アラウィー派という不信心者の政権と戦うために多くの若者がかけつけてきた。その数は約一万人と推計される。うち欧州各国からは数百人ずつ、チュニジアからは約一〇〇〇人に上った。

こうした若者たちは、ここで〝客観的〟根拠に依拠して過激化する。すなわち、イスラム教の国が苦しみ、アラウィーという偽りの宗教を掲げた、血に飢えた政権と戦っている。その偽宗教の信奉者たちが、真のイスラム教徒の代表であるスンニ派教徒を殺害している——というのである。こうして、チュニジアでは過激派「アンサル・アル・シャリーア」が、タクット（西洋と共謀する政権によって体現された世界的な邪神崇拝）との戦いに赴き、イスラム教の神聖な大義のため死ぬことも厭わない数百人の若者部隊を編成することができた。

シリアでは、西洋と東洋がジハード主義に結集した。西欧のほとんどの国から、生まれながらのイスラム教徒や改宗した若者の戦士候補がシリアの戦場へと出征した。イスラム諸国から来た者と資格は同じだった。ジハードにかける熱情の強さは、国境を越える「イスラム共同体」防衛に向けた意志の証明である。

要するに、アラブ革命がイスラムのジハード主義再生の根源となった。シリアでも、イエメンまたはリビアでも、ジハード主義は国家の弱体化を利用し、それによって生じた権力の空白の中で勢いを増した。リビアではカダフィ専制体制を転覆させるため、北大西洋条約機構（NATO）の空爆が役割を演じたのは間違いない。往々にして、これらの国家が弱体化したのは西側諸国による軍事介入の結果である。

同様に、彼らがチュニジアではアルジェリア国境地帯や首都チュニスの貧民街、開発から取り残された国の中部、南部、あるいはエジプトではシナイ砂漠で根を広げられたのは、政権を握ったチュニジアのエナダ党、エジプトのムスリム同胞団（二〇一三年六月末まで）によるジハード主義のサラフィストに対する融和策のおかげだった。合法的なイスラム勢力に合流するよう説得するための融和的方策だったのだが、ジハード主義グループはこれらの地域に根を張るや、地域住民の縁にいる層、取り残された「落伍者」を過激化させようと企てた。とくにチュニジアとエジプトでは、そうして過激化した者たちの一部がシリアに登場することになった。さらにまた後には、彼らが欧州に渡り、新手のテロ行動を展開しているのである。

原注

（1）フランスでは、一八七一年、アドルフ・ティエール（第三共和制初代大統領）がパリ・コミューンの参加者三万人の虐殺を命じた。米国では一八八六年五月四日、シカゴで爆弾爆発事件への報復として、警官隊が労働者の集会で発砲、約三〇人を殺した。ヘイマーケットの虐殺と呼ばれる。

第3章　イスラム世界とムスリムの過激化

大ざっぱに言えば、イスラム世界での過激化はアラブ人とイスラム教徒が受けた屈辱の積み重ねと、専制政治が永続した結果である。一九六七年の六日戦争におけるアラブ諸国の対イスラエル戦略の失敗と、アラブ世界に対する西側世界の敵対感情の強さ。とりわけ、教育レベルが高く、弾圧を見てもひるまない世代が渇望した、複数政党政治や実力評価の社会といった真の市民権獲得への希望を打ち砕く、不公正で専制的なアラブの諸政権が永続していること。そうした事実すべてが新しい世代の過激化を助長した。

それに加えて、アラブ民族主義者の手で設計された、国が施しを与える福祉国家システムが、八〇年代に消滅したことがあげられる。民族主義者たちは、新しい世代が専制政治を受け入れる代わりに彼らの職と地位を保証した。その後、「インフィタ」と呼ばれる「自由化」の時期に、福祉国家が惜しみなく与えてくれた経済的、社会的恩恵の大部分が消えてしまったのである。

さらには、地域最大の石油大国サウジアラビアがイスラム教に関して、そのワハーブ派の厳格厳正な解釈を押しつけるようになった。その解釈はイスラム過激派と狭量な特徴をいくつも共有していた。

中東における過激イスラム主義とは、これまでの世代よりも高い教育を受けながら、精神分裂的世界に生きる羽目になった新しい世代の絶望と強く結びついた現象である。ここで精神分裂的というのは、失業を含めて、「イッティスム」[1]「トラベンデイスム」[2]などと表現されるような、経済状態では下層に属すのに、文化や教育面では中流という生活を強いられたことを意味する。この新しい世代は六七年の六日戦争以後、二十一世紀の最初の一〇年までアラブ民族主義が繰り返してきた失敗を体験し、生きてきた。

過激派イスラムは過激化現象の歴史の中でも新しい時代を開いたといえる。その現象は、それ以前のテロリスト運動、すなわち十九世紀ロシアのアナーキスト、七〇―八〇年代の欧州の「赤い旅団」「直接行動」「赤軍派」と比べ、はるかに強烈である。命をかけた自己犠牲がずっと容易に、ひんぱんに行われている。

地理的な広がりの点でもはるかに拡大している。比較的に無関係な南米大陸を除き、あちこちでその土地の生え抜き、または移入されたジハード主義運動がうごめいている。アルカーイダまたは同様の組織か、そうした組織との関係や共闘を主張するグループに属するメンバーの数は、従来のテロ運動よりずっと多い。時間的にも、活動ははるかに長期間にわたっていて七〇年代から持続している。いや、それどころか二八年にエジプトでムスリム同胞団が設立されて以来、過激派イスラムは発展を続けて来たのであり、目に見えるような後退の兆候を示したことはない、といえるかも知れない。さらに、彼らが行使している無分別な暴力は、これまでの運動のような政府高官や実業家や軍隊など特定のカテゴリーに狙いを定めた暴力とは、同じ範疇に入らない。

何より、ジハード主義の際立った特徴とは、極限状態において自分たちを再編成して立て直し、適応していく柔軟性と能力である。アルカーイダや他の武装勢力は、真にグローバルで国境を越えた初めてのタイプのテロ組織として存続している。国際社会ばかりか、当事国からの国内的圧迫に直面すると形態を変え、多様な手段で闘争を続ける。状況の求めるまま形を変化させ、常に新たな組織を作っていけるのだ。

イスラムで起きている現象から見ると、過激化して行動する者たちを次の三つのタイプに分類できる。

まず、中東、パキスタン、インドネシアなどイスラム教徒が多数派の国々の出身者である。

彼らの不満は、その国の政権への異議申立てに始まり、国境を超越したイスラム政権（ネオ・カリフ＝預言者ムハンマドの新代理人が指導する国）樹立の理想へと拡大した。

二つ目は、西欧、アメリカ、カナダ、オーストラリアなどから来る者たち。これらの国々では、過去半世紀の間に少数派としてのイスラム教徒が根を下ろしていた。彼らは、その社会にあるイスラム嫌いに対し、そしてアメリカ、イギリス、フランスなどによるイスラム諸国への侵攻に対し、暴力で戦おうとする。また、西欧を含めて世界中にイスラムの統治、彼らの願うネオ・カリフ国を広げようという意欲に突き動かされている。

三つ目が、イスラム教徒が何らかの勢力に対して立ち上がり、民族闘争を展開している国から来た者たちだ。その立ち向かう相手勢力とは、国の政権だったり、占領軍だったりである。イスラエル軍によるパレスチナ人弾圧、エルサレムや入植を巡る闘い、欧米の対イスラエル支援、イスラム教徒住民が独立もしくはパキスタンへの併合を望んでいる、カシミール地域の一部を占領しているインドに対して、そして、ロシアのチェチェン抑圧に対して。どれも、イスラムの名において民族闘争を行う要因となる。イスラムの名が、占領勢力への戦いに聖なる意味合いを与えてくれる。

イスラム世界の状況とは反対に、欧州ではとりわけ社会の下層にいる若者たちが、イスラム武力闘争の固い核を形成している。彼らの真似をして、中流階層の一部がその幻想を共にすることはあっても、過激派の大部分は生活困難な地区とされる所か、あるいは庶民階層の若者たちからリクルートされる。彼らの多くは、イスラム諸国から来た移民の二世や三世で、改宗者も含まれている。イギリスでは「パキ（パキスタン人）」と蔑称され、フランスでは「アラブ」と呼ばれている人たち、すなわちフランス生まれの北アフリカ系の若者である。

これらの二つの世界の過激化は、同一の論理に従っているわけではない。大部分のイスラム諸国では、専制政治と腐敗が猛威をふるっているのに対し、欧州では民主的政治制度が機能して不公正の拡大を防ぎ、市民の自尊心が傷つけられるのを抑制している。ところが、経済のグローバリゼーションや、世界中でますます大きくなる移民の波がもたらす脱国土の論理に便乗して、少数であっても過激化した個人が地中海を渡って欧州に入り込んでいる。いま世界の移民は年間二億一四〇〇万人前後を数え、世界の総人口の約三％にも上る。[3] イデオロギー面でも浸透を拒む障壁はない。過激思想はインターネットや衛星テレビのおかげで容易に国境を越えていく。こうして国境にたくさんの穴があいた結果、物事が伝播しやすくなっている。

それでも、過激化の構造には欧州とイスラム諸国では、はっきりとした違いがある。欧州では、過激化する大多数が不安定で社会から排除された状態の若者であり、中流に属す者はあくまで少数派だ。それに反し、イスラム世界では、中流階層の新しい世代が過激派信奉者の多数派を成している。

シーア派とスンニ派の過激化――相違点と類似点

シーア派はイスラムの中でも少数派で、ムスリムの九〇%を占めるスンニ派に対し、約一〇%でしかない。シーア派は長年にわたり、イスラム世界の中でスンニ派から迫害を受けてきた。だから、彼らの過激化はそんな歴史の痕跡をとどめている。シーア派が多数派の国はイラン、イラクの二か国だけだ。一九七〇年代、イランで起きたシーア派の過激化の勢いが、七九年「イスラム革命」を成就させた。

それ以後、シーア派の過激化モデルは大きく変化する。神政国家が過激化を指導した実例となったからである。一方、スンニ派世界では、そんな革命的イスラム国家がなかったから、過激化は時の政権に反対する形で生まれた。八〇―八八年の長いイラン・イラク戦争の結果、イランでは過激化の一つのタイプとして、きわめて「苦痛礼賛」的な過激化が進んだ。つまり、殉教という観念が前面に打ち出された。ここでは、六八〇年にスンニ派のウマイヤ朝第二代カリフのヤズィードに殺害されたシーア派の第三代イマーム[*1]（最高指導者）フサインに結びつけ、毎年、タアズィーヤとアーシューラーの二日間、フサインの殉教を悼み、ドラマチックな儀式が挙行されている。

シーア派の過激化の矛先は、対スンニ派というよりも西側の帝国主義と、アラブ地域におけるその補佐役に向けられてきた。たとえばサウジアラビアであり、サダム・フセイン大統領のイラクや、ムバラク大統領のエジプトだった。一方のスンニ派側には、反シーア主義の跋扈が認められる。それがパキスタンやアフガニスタンのほか、シーア派が少数派である多くのイスラム諸国で起きるシーア派住民虐殺につながった。こうして、ジハード主義の過激化とは、厳密な意味での宗派問題の意味合いを帯びるものとなった。シーア派は真のイスラムではなく、ひそかに悪の諸大国と協力してイスラムを内部から切り崩そうとしていると見なされた。

一方、シーア過激派はフサインの殉教をよりどころとして、自らの闘争を正当化する。もはや、死が彼らの宗教心の根本的要素となり、最も過激化した連中にとっては、「死にたいという願望」が生きたいという願望にとって代わったと思われるほど高まるに至った。これがスンニ過激派となると、象徴的な意味合いで他者に「死を与えたい」という願望を特徴とする。力関係が不利な場合には、過激化した個人の死は不可避の結果でしかないが、このタイプの殉教には、シーア派にある「苦痛礼賛」の痕跡は見られない。

イランのイスラム革命が成就して最初の一年が過ぎると、シーア派の過激化はカリスマ指導者アヤトラ（最高指導者）ホメイニ師の庇護の下、神政国家によって主として民兵組織「バシジ」の中で組織的に進められることとなった。バシジとは、イスラム革命を守るために自己犠牲をいとわない義勇兵の組織である。イランのパスダラン（革命防衛隊）軍の下におかれた若者の組織であり、そのメンバーは軍によって訓練される。死を受け入れ、あるいは死を与えるよう鍛錬されている。

レバノンのヒズボラも、イランのパスダラン軍の一部門によって創設されたが、こちらも強固な組織構造を特徴としている。レバノンの他の政治勢力と対立しながら過激化を持続し、そればかりでなくイスラエル軍とも、またシリア内戦開始以来、アサド・シリア政権への反対勢力とも敵対している。ここでは、過激化が民族問題と絡み合っている。シーア派対スンニ派、貧しいシーア派対金持ちのスンニ派およびマロン派[*2]、リベラルなシーア派対ユダヤ人のイスラエル国民、といった具合だ。

過激派の動員には、資金集めも必要となる。イランはシーア派過激分子を財政支援している。たとえば二〇〇六年七月のイスラエル軍によるレバノン攻撃の際、犠牲となった者への援助を行ったように、緊急事態における相互扶助ネットワークを通じて支援が実施されている。

イラクでの過激化イデオロギーをゆるぎないものとし、また過激化の中心人物となったのは、

＊1　**フサインの殉教**　フサインが殺されたのは、太陰暦ムハッラム月十日で、この日をアーシューラーと言い、その前日をタアズィーヤと言う。

＊2　**マロン派**　キリスト教の一派。信徒の多くがレバノンに住んでいる。

とくにシーア派民兵組織「マフディー軍」の指導者ムクタダ・サドルだった。ムクタダはシーア派の聖職者で、その砦は首都バグダッド北東の広大な郊外、サドル・シティーである。ここに一九九一年、サダム・フセイン大統領による弾圧に際してイラクのシーア派が避難してきた。ムクタダの信奉者たちは、恵まれない人々の保護者でありたいとも考えている。だから、彼らの過激化には社会的意味合いもあり、その政治・宗教的要求の中にそれが透けて見えている。

スンニ過激派は、シーア派の場合と異なり、拠り所とすべき国家がない[4]。過激化プロセスは、部族組織を土台にして下から進められている。たとえば、イエメン、パキスタン北西部のワジリスタン地域やリビアで、アフガニスタンと同様に軍閥が私的な利益を上げ、その資金で民兵を動員して勢力を維持している。

スンニ派の過激化は、二十一世紀に入って基本的にアルカーイダ・ネットワーク形成を特色としてきた。アルカーイダの指導者ビンラーディンのカリスマと、メンバーたちの献身がその基盤となった。九・一一同時多発テロの後、米軍はこの組織の壊滅に躍起となって取り組み、幹部の一部を剔抉するのに成功したが、グループは組織を一新し、権力を分散して自治的小集団を組織する戦略によって、新たな状況にうまく適応していった。

これらの小集団は、共有するイデオロギーと最小限の通信連絡でアルカーイダと結びついている。西側諸国、中でもアメリカに対する情け容赦ない血まみれの闘争と、自爆テロで死ぬことも受け入れるメンバーの犠牲精神によってネットワーク全体が統率されている。シリア内戦に加え、シーア派政権がスンニ派を疎外しようとしたイラク情勢が、アルカーイダやこれと競合するグループへ忠誠を誓うジハード主義集団を再活性化させた。そうしたグループの中でも最も重要なのがＩＳＩＬ（「イラクとレバントのイスラム国」＝ＩＳ）であり、シリアとイラクの領土の広大な部分を侵食し、両国土にまたがる〝新しい国〟を作り出すに至っている。

ＩＳは、ジハード主義グループでも過激度がやや低いヌスラ戦線[*3]や、アルカーイダ指導者の一人、エイマン・アル・ザワヒリとも関係を悪化させた。ザワヒリがイラクとシリアの戦線分割を求めたのに対し、ＩＳは同一の司令部の下で戦線統合を望んだ戦略の決裂が理由だった。シリア内戦や、イラク情勢の悪化、そしてブラック・アフリカにおける新しい聖戦の始まりがアルカーイダに再び活力をもたらしたのだが、幹部の一部は従来通り、パキスタンの部族地域にとどまったままだ。

＊3　**ヌスラ戦線**　シリアで活動している反政府組織。

過激化する女たち

過激化の動きは世界の中であくまでごく少数派のものだが、新たに出現してきた女性の過激化は、いまの時点では、さらに少数派の現象である。確かに、過激派の女性は存在してきた。チェチェンの「黒い未亡人」にも、スリランカのタミル人の「解放のトラ」にも。この「解放のトラ」はマルクス主義を掲げ、民族の分離独立を目指す運動組織であり、その自爆テロ実行者の三分の一は女性だったという。レバノンやパレスチナの活動家たち、さらにはアルカーイダとつながる武力闘争にも女たちは存在している。

シャヒダ（女性殉教者）たちが、必ずしもジハード主義者でないことは明らかだ。米政治学者で国際安全保障問題専門家ロバート・ペイプ氏によれば、レバノンでは一九八二―八六年に米軍、仏軍、イスラエル軍に対するテロ事件が計四一件起きたが、イスラム過激派によるものは八件、残り三三件は共産主義者、社会主義者の犯行であり、そのうち女によるテロが六件あった。

「安全保障とテロに関するシカゴ・プロジェクト」（CPOST）[*4]によれば、一九八一―二〇一一年に世界で約二三〇〇件の自爆テロ事件が発生し、そのうち約一二五件が女性によるもののだった。全体の五%足らずである。

初期の女カミカゼたちは民族主義者だった。その第一号として知られるサナ・マイダリは、一九八五年四月九日、イスラエルによるレバノン南部占領に抗議した自爆テロでイスラエル人二人を殺害した。彼女は、テロ決行の一年前から非宗教組織のシリア民族主義党の党員となっていた。二〇〇〇年六月、ロシア連邦チェチェン共和国の首都グロズヌイでは、チェチェンの女二人が爆発物を満載したトラックを運転してロシア軍基地に突入し、少なくとも二七人のロシア兵を殺した。

二〇〇二年四月十二日には、パレスチナ人による非宗教の民族主義戦闘集団アルアクサ殉教団に所属する女が、エルサレムのマハネー・イエフダー市場で爆弾を破裂させ、六人を死亡、九〇人を負傷させた。その後、このグループは女性による他の自爆テロ三件も、自分たちの犯行と明らかにした。また、パレスチナ人の女自爆犯第一号の名を冠した女性戦闘部隊「ワファ・イドリス」を創設した。ハマスやイスラム・ジハードといった有力組織が女性部隊を編成した時期よりも、アルアクサのそれはずっと早かったのである。

二〇〇三年十月四日には、ハナディ・ジャラダットという二十六歳の若いパレスチナ人女性が、

＊4　CPOST　シカゴ大学を拠点とする国際安全保障問題の調査研究所。

イスラム・ジハード集団のためにイスラエル北部の都市ハイファのレストラン「マキシム」を自爆攻撃した。そこでは二一人が死亡、五一人が負傷した。

また、〇五年十一月九日には、ヨルダンの首都アンマンで三つの高級ホテルが自爆攻撃された。テロ実行犯の中に女性が一人含まれていた。サジダ・アル・リシャウィといい、*5 ＩＳの前身「イラクのアルカーイダ」の最高指導者アブ・ムサブ・アル・ザルカウィの右腕だった男の妹である。ザルカウィは、〇六年にイラクのファルージャで米軍の空爆で殺されている。リシャウィはテロ事件の際、爆弾ベルトの起爆装置をうまく操作できず、逮捕された。彼女の夫もテロ攻撃隊のメンバーで、自爆に成功したが、妻は失敗したわけである。この事件の被害者は、死亡五七人、負傷三〇〇人。(5) トルコのクルディスタン地域でも、一九八〇年代に非合法組織のクルド労働者党の女たちがトルコ軍に対するテロを決行した。

女カミカゼには、欧米人の改宗者もいる。たとえば、ベルギー人のミュリエル・ドゴーク。一九六七年にベルギー南部のシャルルロワで生まれた彼女は、二〇〇五年十一月九日、イラクのバブーカで自爆し、警察官五人、一般市民四人を殺害した。三十五歳の時、ミュリエルはイスラム教に改宗し、ミリアムと改名した。ブリュッセルのアル・ヒダヤ寺院の信者を介して、モロッコ人を母に持つベルギー人の戦闘的なスンニ派サラフィー主義者の男と出会い、結婚し、過激化し、そこでアブ・シャイマ師の教えに従った。イラク戦争とともに〇五年、夫婦はイラクへ向かった。夫も、妻の自爆事件の数日後、別のテロ攻撃の際、米軍に殺された。ミュリエルと夫は、ある「カミカゼ・ネットワーク」に属していた。その創設者であるチュニジア系ベルギー人、ビラル・スーギルと二人のモロッコ系ベルギー人のメンバーは、刑務所送りとなっている。

米人女性コリーン・ラローズは、「ジハード・ジェーン」の異名で知られ、〇九年にスウェーデンの漫画家ラルス・ビルクス氏暗殺をねらったテロ作戦に物質的支援を行ったとされる。ビルクス氏は、預言者ムハンマドがイヌの胴体をつけた漫画を描いたために狙われたのだ。

また別の米人女性ジェイミー・ポーリン・ラミレスも、そのラルス・ビルクス暗殺計画の主謀者とされる、アルジェリア人の男と共謀した容疑をかけられた。彼女はインターネットで知り合ったイスラム教徒と結婚し、〇九年にイスラムに改宗した。最初の結婚で生まれた息子の

---

*5 **リシャウィ**　サジダ・アル・リシャウィは、ヨルダンの裁判で死刑が確定し、収監されていた。二〇一五年一月下旬、ＩＳによる日本人人質拘束・虐殺事件の中で、ＩＳが後藤健二氏の解放条件として、サジダ死刑囚の釈放を要求した。ヨルダン政府は、ＩＳに囚われていたヨルダン空軍飛行士とサジダの交換に応じる用意があると表明した。結局、ＩＳはこれに応じず、後藤氏、飛行士の殺害映像を相次いで公表、ヨルダン政府側も、その後直ちにサジダ死刑囚を処刑した。

名前をワヒドと改め、その息子とともにアイルランドへ移住した。

英人女性サマンサ・ルイーズ・ルースウェイトの例もあげよう。異名が「白い未亡人」。夫は〇五年七月七日、ロンドンの地下鉄テロ事件で自爆している。その後、ソマリアの武力闘争組織アル・シャバブとつながり、テロ活動を続けていたようだ。

女たちの背景には、ほとんどの場合、夫とか兄弟とか父とか、極めて身近な家族メンバーの死に報復を誓う強い意思がある。女たちは戦争や身近な男性の投獄、半永久的に続く戒厳状態（例えば、ガザ地区やカシミールなど）などの閉塞を最も嫌悪する。男は自分が占領軍や治安部隊の標的にされた恨みを、身近な女たちに深い屈辱感として残していく。

女性には組織にとっての戦略的利点もある。自爆テロリストと疑われにくい上に、多くのイスラム諸国で男は女性の身体検査ができないためだ。

そして女たちには時として、神聖な大義のために死ぬことによって、男との序列で上位に昇りたいという願望さえ見受けられる。ヒロイズムを介し、死を前にして女が男と対等になれるなら、生の世界で女性に対等な地位を否定するのは難しくなる。女性の殉教死は反家長制、さらにはフェミニズムの意味合いも帯びている。それゆえ、イスラム過激派が女カミカゼの行動を頼みとするのは、あくまで例外的ケースに限られる。男たちは、女性に頼れば、聖典コーランや預言者伝承を読み、男性という身分に与えられていると知った特権の一部を、放棄せざるをえなくなるのを恐れているのだ。

イスラム諸国における自爆テロへ女たちが加わる説明として、彼女たちの絶望的状況も指摘されている。イラクやアフガニスタンの場合はアメリカ、パレスチナの場合はイスラエル、チェチェンの場合はロシアといった敵によって、夫や家族を殺されると、女性は人生をやり直すことなど不可能と思える深い孤独に突き落とされる。再婚の可能性は非常に少ないというか、ありえない。あるいは、女性自身に特有の生物学的、心理的問題を抱えて絶望することもありえよう。

パレスチナの女カミカゼ第一号、ワファ・イドリスは不妊症で、夫の家族によって離婚に追い込まれた。ミュリエル・ドゴークは、生まれつき子宮がなかった。ただし、こうした事実を過激派の女性全体にあてはめることはできまい。

また、女たちがカミカゼになることを強制されているという見方も、多くの事例の検証結果に見合うものではない。活動を指向する男がいるのと同様で、行動しようとする女がいる。女の方が、男よりも束縛的な規範を押しつけられず、聖戦の実行者となれる、というのは大いにありえることなのだ。

西欧で非宗教の極左運動における女性の過激化は、テロ事件やテロ組織に積極的に参加することによって可能になった。バーダー・マインホフ・グループ（赤軍派）がそうだった。ウルリケ・マインホフは、その中心的役割を務めた。ブリギッテ・アスドンク、モニカ・ベルベリヒ、イレーネ・ゲルゲンス、ペトラ・シェルム、イングリット・シューベルトその他の女たちも同様だった。このグループは、女がテロ事件の計画でも実行でも、男とほぼ対等の役割を演じた、最初の過激派運動組織の一つである。

欧州で、特にこの赤軍派の場合は、女性の過激化も男性のそれも、同じ論理から発していたように思われる。すなわち、屈辱感、深い恨み、そして組織の中でいろいろな仕事に手を出すことで増した行動力、さらには屈辱を与えてきたものに屈辱を投げ返してやるという意思である。

過激派イスラムの場合、相手に屈辱を与えながら、自らは殉教の身分を勝ち取る論理である。その行為は天に昇って報われ、天国の特に選ばれた場所を与えられて報われる。過激派イスラム以外の場合は、英雄になるという高揚感と、集団の記憶の中に場所を獲得し、そこに留まり続けること。それを勝ち取る意思の論理である。

原注

(1) アルジェリアで使われる新語で、何時間も何もせず、壁にもたれている、そしてグループを作り、夜をそのようにして過ごす、といった意味。

(2) アルジェリアで違法な商売を意味する表現だが、フランスの都市の郊外でも全くそのまま用いられている。

(3) 国際移住機関(IOM)の二〇一〇年報告書を参照。www.iom.int/files/live/sites/iom/files/Newsrelease/docs/WM2010_FINAL_23_11_2010.pdf

(4) 二〇〇二―〇三年に、米国によってアフガニスタンのタリバン政権が打倒される以前は、アルカーイダやその他のスンニ派の武力闘争グループは、この国の政権からの厚遇に浴していた。それ以後は、公式にスンニ派武力闘争組織の領内在住を認めている国はない。

(5) Guy Taillefer, «Portrait-robot de la femme kamikaze. Qui est-elle et pouquoi le fait-elle? » *Le Devoir*. 25 novembre 2005.(「女カミカゼの素顔――何者であり、なぜ自爆テロだったのか」)http://www.ledevoir.com/societe/actualites-en-societe/96139/portrait-robot-de-la-femme-kamikaze.

第4章　ジハード主義知識人と情報革命の波及力

ジハード主義の世界的拡大と理論家の系譜

過激化とは、過激思想と暴力が前提にあり、その二つが結合して極端な形の暴力行動が生まれることだ、とされている。フランクフルト学派[*1]によって作り出された極左理論（ヘルベルト・マルクーゼは、批判精神のない者を「一次元的人間」と呼び、非難した）、状況主義インターナショナル[*2]（ギー・ドゥボールは平凡な日常生活を転覆させ、芸術を超えることによって世界の変革を企図した）、あるいはコルネリュウス・カストリアディスとクロード・ルフォールが設立した「社会主義か野蛮か」グループ[*3]などの思潮が、一九七〇年代の極左主義の糧となり、それに影響を与えた。

ただし、ジャン＝マルク・ルイヤン、ナタリー・メニゴン、アンドレ・オリビエ、レジス・シュライヒャーら一部の知識人は、実際にフランスの極左グループ「直接行動」に関わり、グループの行動と理論形成に加わって、彼らの暴力行為に自然な形で思想的意味合いを与えた。影響を与えた者たちと、直接関与した者たちと。これらの知識人の二元性は、同じ時期のイタリアでも、「赤い旅団」との関係に見られた。極左の潮流に訴えたアントニオ・ネグリ、マリオ・トロンティ、ロマノ・アルクァリ、オレステ・スカルツィオーネといった知識人が一方におり、他方、グループの中核にはアルベルト・フランチェスキーニ、レナート・クルチオ、エンリコ・フェンジなどがいた。

＊1　**フランクフルト学派**　一九二三年にドイツのフランクフルトに設立されたマルクス主義研究機関の社会研究所に集まった学者たち。三三年からナチス時代となり、研究所も学者もアメリカに亡命した。

＊2　**状況主義インターナショナル**　一九五七年に設立された政治・芸術の運動。ドゥボールは中心的設立者のフランス人著述家。

＊3　**「社会主義か野蛮か」グループ**　カストリアディスとルフォールは政治、経済の哲学者。フランスで一九四九年設立。

ドイツでも、「赤軍派」の思想的背景として極左インターナショナルの知識人たちがいて、革命組織の中心には、同じくインテリ活動家たちがいた。彼らはこの過激な運動に参加しながら、革命行動のために新たな理論を練り上げようとした。とくに、七〇年六月に発表された「赤軍を樹立する」という宣言文の作者たちがそうだった。

この二元的知識人という事象は、イスラムのジハード主義者についてもあてはまる。その背景には、少なくともエジプトのサイイド・クトゥブ、あるいはパキスタンのマウドゥーディーまでさかのぼるジハード主義がある。クトゥブは、イスラム教が政治宗教的な正統性を体現して世界全体の宗教の座につくまで、永続した聖戦の実行を説いた最初の理論家のうちの一人である。彼は六六年にナセル政権によって処刑された。マウドゥーディーは、「ハキミーヤ」と呼ばれる、イスラム政権についての理論家である。

彼らのイスラム国家という理念は、シーア派の革命的な思想家によって継承された。その一人、アリ・シャリアティは七〇年代、階級の無い社会の理想と、神にのみ従う社会という理念をミックスし、赤いシーアを説いた。さらにその考えは、ムスリム同胞団の異端派組織である「タクフィール・アル・ヒジュラ」(背教宣告と聖遷)にも引き継がれた。この組織は七一年に、エジプトの技師ムスタファ・シュクリによって創設された。非イスラム教徒だけでなく、悪の大国への聖戦を拒否するイスラム教徒に対し、暴力闘争の必要性を強調している。悪の大国とは欧米諸国だけでなく、現存のイスラム諸国家も指している。

また、やはり同胞団の異端派で、七九年にアブドッサラーム・ファラグによって「ジハード団」が設立された。ファラグもエジプトの技師で、『ジハード、隠された義務』の著者である。反イスラム勢力の新たな十字軍やシオニストと闘うため、聖戦に回帰しようと唱えた。エジプトのサダト大統領の暗殺犯も、このグループに所属した者たちだった。

七九年のイランのイスラム革命により、アヤトラ・ホメイニ師の思想による神権政治国家が出現した。それはベラヤト・ファギと呼ばれる、イスラム法学者による政治統治という理念に基づいている。これ以後、イスラム教に拠る権力を求める闘いは、実現しそうもない理想ではなくなったように見える。この革命の成功は、過激化の潮流を奔流へと変えた。それから約二〇年後、九・一一米同時多発テロが起き、イスラム過激派を歓喜させたのと同様の起爆剤となった。

これらが成功したことで、過激派たちの要求は一段と過激なものとなり、神の加護によって「敵十字軍」を打ち破れる確信を抱かせるようにもなった。世界的なイスラム政府の樹立という理想計画は、こうした一つひとつの部分的成功が、大望の成就に向けた一歩と受け取られることにより、大きく肥大していったのである。

イランの大部分の知識人は、俗人であれ聖職者であれ、そして互いに異質ではあっても七九年の革命に貢献した。アリ・シャリアティ、アヤトラ・タレガニ師、メフディ・バザルガン、アヤトラ・ホメイニ師とその弟子の聖職者たちに加え、ジャラル・アーレアハマドのような聖職者から還俗してマルクス主義的傾向を持つに至った一部の知識人たちである。[*4] 彼らは、イランのような開発の遅れた社会では、帝国主義とシャー(国王)の専制的権力と闘うためには、「革命的」シーア派の力を頼みとしなければならない、と考えていた。

アリ・シャリアティは、講話を通じ、革命的シーア派が大衆を動員し、マルクスとメフディ(第十二代イマームで「隠れイマーム」[*5] とされるシーア派の救世主)の夢を実現するよう祈念していた。世俗の革命が成し遂げられなかったことを、イスラムの名による革命が最終的に達成するだろう、というのである。こうした大知識人のメッセージを「小知識人」が引き継ぎ、普及させた。とりわけ、ホメイニ師に忠実な少数派の聖職者たち、そしてテヘラン北部の高級住宅地区ホセイニエ・エルシャドにできた新しいモスクで、シャリアティの講話を聴き、彼の思想を心に刻んだ革新的な青年たちがその役を担った。

現代の過激派イスラムの出発点は、エジプトのムスリム同胞団の中で育まれた革命志向、すなわちサイイド・クトゥブの思想に共鳴したクトゥブ派からだった。次いで、一九七〇―八〇年にシャリアティやホメイニ師による革命的シーア派の手で再始動し、その後、アブドラ・アザム[*6]のイデオロギー指導の下、アフガニスタンで八九年ソ連占領軍撤退までにスンニ派による新たな展開を見たのである。

この運動は、ビンラーディンやアイマン・ザワヒリ[*7]の指揮の下、欧米に対する反逆を新たな動員テーマとした。ビンラーディンやザワヒリは、ジハード運動を組織する知識人としての旗振り役となった。一方、一〇人ほどの過激派イスラムの「大知識人」は、まずスンニ派のアラブ世界で、次いで欧米世界にも拡張してイスラムの極端な解釈の合法化に努めてきた。

こうしたイデオロギーの理論的指導者で傑出しているのは、マクディシ[*8]、タルツシ[*9]、アブ・ムサブ・アルスリ[*10]、アブ・クアタダ[*11]ほか数人であり、イスラム世界とそれを超えた世界で、ジ

＊4　**イランの知識人**　シャリアティは、イスラムと社会主義の融合を試みた哲学者。タレガニ師は一九六一年、バザルガンらと「イラン自由化運動」を組織した宗教指導者。バザルガンは、民主化運動に取り組み、イスラム革命政権の初代首相を勤めた。

＊5　**隠れイマーム**　イマームはシーア派の最高指導者。九世紀後半、第十一代イマームが亡くなった後、その葬儀の際に一時だけ姿を現し、すぐ消え去ったので「隠れイマーム」と言う。隠れイマームの状態は現在まで続いている。

＊6　**アブドラ・アザム**　パレスチナ人のイスラム法学者。一九七九年のソ連軍のアフガニスタン侵攻とともに、これと戦うためパキスタンでアラブ人義勇兵の組織工作に努めた。アザム死後、ウサマ・ビンラーディンが引き継ぎ、アルカーイダを創設した。

＊7　**アイマン・ザワヒリ**　ビンラーディンの右腕とされ、その死後、アルカーイダ最高指導者となる。

＊8　**マクディシ**　ベルギー在住の聖職者で、ジハード主義の法学者。

ハード主義に決定的な影響を与えた。彼らの思想は、次のようにいくつか重要な特徴を共有している。

第一に、欧米から人民主権の名で吹き込まれた世俗政治体制に対する、容赦ない闘いである。人民に基礎を置く政治思想はすべて邪神崇拝（シルク）であり、あらゆる正統政治の主動力は、あくまでアッラーの神権でなければならない。人民は、神の言葉であるコーランと、預言者ムハンマドの言行記録ハディースによって体現されている神の超越性に従わなければならない。預言者の伝承とは、イスラム暦の初期三世紀（サラフ）、預言者の仲間とその弟子たちによって集められたものだ。

とりわけ、民主主義は過激派イスラムの標的となる。過激派イスラムから見れば、それは有害でしかない世俗主義であり、その究極のねらいをイスラムの破壊にあるとみなす。イスラム社会における専制政権もまた、邪教崇拝の一形態であって、アッラーが政治的正統性の究極の保有者であることを拒否する点で民主主義と同類とみなされる。ジハード主義から見れば、民主主義には世俗主義に加え、人民を正統性の究極の根源とする点で反宗教的という烙印が押される。こうした型の異端の権力は、イスラムとは相容れず、それに対しては聖なる戦いを容赦なく進めなければならない、と考えるのである。

実際のところ、前述の知識人は皆、邪教崇拝の民主主義を邪悪な政治制度として非難する著書や叢書の分冊を大量に執筆している。彼らは、文章の中で西洋の極右や極左から多くのアイデアを借り、それにイスラム教独自の用語で装飾を施した。一例をあげれば、人民が真の権力保持者ではなく、実際には金の力、資本家、シオニスト、フリーメーソンなどが権力を握っている、と断言している点などだ。

第二に、ジハード主義者の知識人たちが共有し、汎用している主張として、欧米の帝国主義がボスニア、アフガニスタン、イラク、パレスチナほかの各地でイスラム教徒を隷属させてきた、という非難がある。帝国主義を指すイスティクバル、被搾取階級を表すイスティダフなどのイスラム教の用語は、欧米の支配を拒否し、反帝国主義に神学的内容を盛り込むビジョンに使われてきた。

こうした主張は、欧米の若者の一部を引きつけた。彼らは、もはや従来の極左には帝国主義と闘う道具を見いだせなくなっていた。このイスラムからの説得の中に、とくにパレスチナ問

＊9　**タルツシ**　シャリアの厳格な施行やイスラム国家の樹立を求め、それには武力行使が必要とする「サラフィ・ジハード運動」の理論家。

＊10　**アルスリ**　アルカーイダの戦略家。

＊11　**クアタダ**　ビンラーディンから西欧に送り込まれたというイスラム指導者。

題に関してアメリカの覇権を拒否する手段を見たのである。

第三の共有見解として、新家父長制を説いていることがあげられる。それによって、女権拡張のフェミニズムや、男女平等を土台とした思考、同性愛の合法化が体現する現代の家族制度の破壊を断罪し、改めて家族の意味づけが可能になる。

イスラム原理主義は、中でもジハード主義はとりわけ、近代的なイスラム改革派とは逆に家族の温存を掲げて、男女間の補完性を主張する。男性は四人まで妻を娶ることができるし、女性は神の定めた分野では、男性に従わなければならない。相続における女性の取り分は、男性の半分でしかない。裁判で女性の証言は、同様に半分の証拠価値しかない。女性の離婚の権利は制限される、などなど。これらは神の定めだと説明する。

こうした復古調の主張は、それまでフェミニズムによって惑わされ、家父長制の家族の安定に郷愁を抱く男たちを引きつけるものといえた。

ジハード主義者の大知識人から、欧州に住むたくさんの急進的サラフィー主義者の小知識人へと、そのこだまが広がっていった。要するに、聖なる文章に接したいという願望からアラビア語を学ぶ者たち全てが、コーランやハディースの特別講読を行う者にしっかりと限定されていた神学思想を、大衆化させる役割をはたしたのである。

始祖の民族居住地から遠く離れて暮らす人々の中からも欧米知識人として思想的変革を遂げ、ジハード主義を謳う者たちが現れた。その代表がアンワル・アウラキである。

アウラキは、アメリカ人のイマームだった。イエメン人を両親として七一年、米ニューメキシコ州で生まれた。「アラビア半島のアルカーイダ」の有力メンバーとなり、その最も影響力のある思想家となったが、二〇一一年九月三十日、イエメン国内でアメリカの無人機による攻撃に遭い、死亡している。

彼が英語で行ったジハード主義の説教は、インターネットで広く伝えられ、多くの信奉者に影響を与えた。さらには〇九年以後、イギリスやアメリカで実行された何件かのテロ攻撃の企てにもつながった。彼はまた、アルカーイダの英語のオンライン雑誌『インスパイア』に積極的に寄稿していた。その電子版雑誌を見ると、手作り爆弾製造の実践的な助言の横に、アメリカとその同盟国に対する聖戦を正当化するイデオロギー的文章がずらりと並んでいる。

他の欧米の何人かのジハード主義者、とくに「アメリカ人のヤヒヤ」と呼ばれたアダム・ヤヒヤ・ガダーン、あるいはニューヨーク出身のアメリカ人で、長い間、ジハードを呼びかけるブログを続けたサミール・カーン、さらにはカナダに滞在したことのあるジハード主義の説教師ヤヒヤ・イブラヒムといった人たちも、この電子版雑誌に寄稿していた。

ジハード主義者の知識人は、グローバリゼーションと電子ウェブによる新しい形のコミュニケーションを徹底的に活用している。イスラム世界だけでなく、イスラムへの改宗者たちや一部のボーン・アゲイン（新生）のイスラム教徒からも信奉者を獲得し、ジハード主義者の国際化を進行させている。改宗者やボーン・アゲインの者たちは、欧米の文化を深く知り、欧米社会で少なくとも初めのうち、相手に疑念を起こさせずに振る舞うにはどうあればよいか熟知している。

その点でアウラキや、彼の協力者たちの事例は示唆的である。アメリカ生まれのアウラキは、七歳の時、両親と共にイエメンに渡った。父親は、首都サナアにあるサナア大学学長になった。イエメンで一一年間過ごした後、米国に戻り、コロラド大学で学び、公共事業の学士号を得た。その間、ムスリム学生協会長を務めていた。

欧米の文化と英語に精通し、合わせてアラビア語に通じ、ジハード主義の思想家たちも知っている。両面の知識を併せ持つアウラキは、とくに英米文化で育った若者たちを引きつけた。当然だが、そうした若者についてアラブのジハード主義者よりはずっとよく理解していた。ウェブを駆使する能力の高さから、「インターネットのビンラーディン」の異名もとった。その能力によって、理想的な思想普及を果たせる者、つまり「仲介役の知識人」として、ジハード主義の大思想家の神学的な言葉を単純化して伝え、欧米の若者たちにとって共鳴箱の役割をはたした。

一九九三年、アフガニスタンを訪れた彼は、アブドラ・アザムの著作に強く影響を受けた。

アザムは、アフガニスタンの聖戦を宗教的に正当化し、イスラムの土地が非イスラムに占領されてしまった時は、ジハードは絶対的な義務である、と書いていた人物である。その後、一九九六年から二〇〇〇年まで、アウラキは米サンディエゴのアルラバト・アルイスラミ寺院でイマームを務め、二〇〇―三〇〇人のシンパに説教を施した。九・一一同時多発テロの実行犯の中にも、アウラキを知り、尊敬していた者がいたほどである。

アウラキこそ、間違いなく一部の米英人を過激化させた重要人物の一人である。そうして過激化した者たちが、その後、アメリカやイギリスで殺人その他のテロに及んだ。〇九年十一月五日、テキサス州フォートフッド米陸軍基地で起きた殺戮事件の実行犯ニダル・マリク・ハサン[*12]もその一人だった。

アウラキはまた、〇九年十二月二十五日、アムステルダム発デトロイト行きノースウエスト航空二五三便で爆破テロ未遂事件を起こしたナイジェリア人、ウマル・ファルーク・アブドゥルムタッラブにテロ思想を吹き込み、実行犯としてリクルートもしたとされる。

〇二年にはアメリカからイギリスに移り、数か月間滞在した。イギリスで二〇〇人ほどの若者たちを相手に説教会を開き、西洋にいるイスラム教徒は、クファル(不信心者。ジハード主

---

*12 **ハサン**　ニダ・マリク・ハサンは三十九歳の少佐で精神科医。米軍基地で銃を乱射し、一三人を殺害、三〇人を負傷させた。

義者が非イスラム教徒を指して用いる軽蔑語）を決して信用してはならないと説いた。クファルたちの目的がイスラムの根絶にあるのだから、というのだった。[(1)] そのほか、イギリスのさまざまなイスラム教関連機関で多数の説教会を行い、そこでは殉教とジハードの功績を讃え、イスラム教徒は本心を明かして自らを暴露したりするな、とも説いた。

〇四年になると、イエメンに戻り、二年後、アルカーイダの協力者として米当局の圧力により投獄されたものの、〇七年十二月に出身部族の介入で釈放された。〇九年三月には再びイエメン警察の捜査の手が迫る中、地下に潜った。翌年三月に公表されたビデオの中で、イスラム教徒を攻撃しているとしてアメリカを名指しで非難し、アメリカにいるイスラム教徒が反乱を起こし、絶対的な義務となったジハードの名において対米戦に突入せよ、と教唆している。

西側の情報機関によれば、アウラキは、アメリカ、イギリス、カナダで起きた一二件のテロ事件に直接間接に関与した。彼の説教が〇五年七月のロンドン[*13]、翌年トロント[*14]、二年後の米フォートディックス陸軍基地へのテロ攻撃[*15]などに関わった者たちに影響を与えたとされる。これら全ての事件で、関与した犯人たちがインターネットでアウラキのメッセージや説教に接していたことが明らかになっている。ウェブサイトだけでなく、フェイスブックも用いた。アメリカの〝アウラキ・ファン〟の多くが、それらを読み、フォローした。大半が高校生だった。

こうした影響力の波及の事例は少なくないとはいえ、アウラキのケースは新しい型の「世界市民」が多文化性と多国籍を背景として、どれほど容易にいくつもの国や文化の間を行き来しているか、また本来、ニューメディアがなければアクセスが困難な人々にも、いかに決定的な影響力を行使できるかを如実に示している。ウェブを活用し、とりわけフェイスブックやビデオ・メッセージを駆使すれば、世界のはるか向こうにいる人々を過激化させる上で強力な道具となって「メディア・ジハード」が可能になり、彼らの声が響く範囲がさらに広がるのだ。もはや対面した説教や説得の必要はない。同様に、世界化の論理では、欧米諸国による圧迫という衝撃的で単純化されたメッセージが常に反響を呼ぶ。その論理の中では、それまで必要条件とされた同一の文化的世界を共有するという前提条件も、必ずしもあてはまらないものとなった。カリスマのある人物とのインターネットによる長距離を越えたつながり、現代の最新鋭の探知手段をもってしても、連係を摘発する困難さ。それらが各地で立ち上がる自稼働の過激化

＊13 **ロンドンの事件**　地下鉄三か所とバスがほぼ同時に爆破され、五二人と実行犯四人が死んだ。

＊14 **トロントの事件**　六月にトロントで発覚。トロント、オタワなどの重要建造物を標的とした爆弾テロ未遂事件で、一八人が逮捕された。

＊15 **米フォートディックス陸軍基地へのテロ攻撃**　ニュージャージー州の基地にイスラム過激派が襲撃を企てたとして六人を逮捕。未遂に終わる。

メカニズムを可能にした。

ウェブの魔力

ウェブは、新しい形態の社会行動の道具としても、また精神構造や物の見方、行動様式を変える要因としても、持てる扇動力を無視できない。二〇一〇―一一年のアラブ革命は、言われるようにインターネット、中でもフェイスブックやツイッターがなければ、あのように強烈なエネルギーを爆発させた革命とはならなかっただろう。

携帯電話の役割も同じく決定的だった。殊に、エジプトで数日間にわたり、ネットへのアクセスが切断されたため、グーグルが携帯電話で情報伝達を容易にした時、その威力を決定づけた。またイランでも、〇九年六―七月の「緑の運動」[*16]の間、政府にインターネットを切断された際、携帯電話が情報の空白を部分的に補った。

ウェブは「解放のテクノロジー」の役割をはたすだけではない。ハードな組織構造を持たず、直接、人々が集って行う会合がなくても、いくつか選択可能な通信機能を提供してくれるので、過激な個人やグループが持つ潜在的な破壊能力を拡大もする。一方では、政権側が市民の日常の通信を監視し、スパイするための恐るべき道具ともなりえる。

ウェブが開く公共空間とは、従来いわれてきた個人の領域とか公共とかの意味とは異なるものだ。そこは極論が飛び交える空間であり、特定の選別された共通点に共鳴し合い、かつ他の人々の参入を呼び込もうとする者たちを結集させる。この空間はセクト的ではありながら、現実世界のセクトのような閉鎖性を持たないし、一方、公共空間でありながら、本来それが持っているはずの開放性を有しない奇妙な公共空間である。その潜在能力はたんに非現実の領域にとどまるものではない。多様な数値に対応する幾何学の原理に従って現実を切り取るようなもので、ちょうどピカソのキュービズム作品のように一定の規則に準じた現実が存在する。この半公共、半個人的な空間には、社会学でいうアノミック状態の無規範を否定するばかりか、熱いものが通った共同体に参画したような感情をネットサーファーに起こさせる、ある種の正当性が存在している。そんな共同体が虚像であったとしても、である。

欧米では多くの人間が、社会の無規範・無秩序に加え、社会的な結びつきを支えた構造の消失に苦しんでいる。そんな個々人が、ジハード主義のインターネットの中に、失われた所属意識を回復させてくれ、かつ不実な敵、西欧との闘いの中に自分の存在意義があると教えてくれる魅力的な共同体を見つけ出すことになる。そこで呪われた欧米と闘うことによって、自分の

＊16　**緑の運動**　イランで大統領選挙の結果に反対して起こった市民運動。若者たちが積極的に参加し、フェイスブックなどを利用して運動した。

心にもぐりこんだ悪魔を追い祓える、という感情を抱くに至る。それだけに、その共同体の吸引力はますます強くなる。

ジハード主義者のネットは悪魔祓いの役をする。社会につながりがなく、はみ出し者になっている個人を救済の共同体に取り込み、その人間に安心感を与える。ネット利用者は、自分自身に潜んだ悪魔たる部分を告発することによって、新たなアイデンティティーを獲得していく。悪魔部分とは、自分が欧米人で、ちっぽけな白人であり、自身、悪のしみがついた穢れた不純物となっていること、あるいは、自分が移民の息子で、フランス人でもアラブ人でもなく、二重の「不帰属」という悪を体現していること。それを自分という存在から追い出さなければならない。

これらのプロセスは〝無垢な〟アイデンティティーを取り戻すため、また外部の敵だけでなく、統一された「自我」の組成を不可能にしていた内なる敵との死闘の中で、自分を確立するためにある。つまり、ウェブによって半夢幻、半現実の世界の中でアイデンティティーの変革が可能になる仕組みだ。

ジハード主義の扇動的なメッセージで充満したウェブは、アイデンティティーを構築し、興奮をかき立てる共同体を提供してくれ、無規則状態を吹き払ってくれる。いつまでもネット上をサーチし続けられる無限の画像と映像の中でついに、確かな意味を持ち、それまでと一変した世界を創造してくれるのだ。

過激派イスラムはジハード主義のテーマ体系を現代化した。その上で現実政治の脈絡を利用して、その体系に単なる神学的、あるいは法学的な側面を超越した意味合いを与えて、体系全体を刷新しえる知識人層を生んだ。新たなジハード主義知識人たちは、まずイランのシャリアティらを先頭とするシーア派知識人が口火を切り、次にマクディシ、タルツシ、アザム、スリ、アブ・クアタダらスンニ派知識人の活動を通じて、イスラムを政治化するのに貢献した。

これらの新たな知識人たちの著述は、アラビア語によるものが圧倒的多数で、一九九〇年代にすでにウェブにアップされていたが、二十一世紀の初めからは、そのほとんど全文が英語訳されたほか、仏語や他の欧州言語にも部分訳されて多数のウェブサイトで閲覧できるようになった。各国で検閲がある以上、インターネットがなかったら、ジハード主義の文献が中南米を除くほとんどすべての大陸で読まれ、あのように広範な反響を生み出すことはできなかっただろう。

世界中で多くの若者が、アラビア語のテキストや翻訳版に無料でアクセスした。彼らはジハード主義の討論サイトを参照し、それぞれのテーマについて理解を深めることもできたし、イスラム教徒を虐げている不正な世界との戦いに身を投じようと切望する若者たちと、接触交流することも可能になった。イスラムに関したテーマごとの研究とは、過去においては知識人や少数の高等教育を受けた階層の、ある程度閉鎖されたサークルの専有物だった。それがグローバルに開かれたのである。[2]

戦闘場面や、処刑、あるいは手作りの爆弾の製造技法などを誇示するサイトもある。日常生活の中で使命感などなくしてしまった若者の中には、それを見て自分ばかりか、他人の運命をも左右する真の当事者となれるのではないか、と思い込む者がいる。また、明日の戦場で彼らを待ち受けるものの前兆を、ウェブの中で体験できる。戦場とはつまり、道路、カフェ、駅、あるいは飛行機など自分が爆破できると思うもの、さらには、シリアやイラクなど、イスラムのために異端の暴君と戦える現実の戦場のことだ。

この場合、ウェブは非現実というよりも、やがて来る現実を約束するものとして「バーチャル」な現実であり、苦くはあるけれど陶酔できる、そんな来たるべき現実を前もって味わえる場となる。彼らは、その仮の現実を画面で体験した後、その実行を自らの義務とみなすようになる。殺戮の任務の遂行によって、自分自身が立派な何者かになっていく。幸福を約束され、どうしようもない世界に復讐したいという抑え難い欲望とによって、ゆがんだ、考える主体となる主観化が起きる。それが、無秩序と他人とのつながりの欠如に終止符を打つ。他人とは、善と悪が対立するマニ教的二元論の中で、異教の敵か信心深い友かに分類される者たちとなる。

九・一一同時多発テロ以後にテロ事件を起こしたか、起こそうとしていた個々の人間の過激化プロセスを調査してみると、過激化の道具としてウェブの重要性がよくわかる。個人が自動的に過激化していく場合もあれば、他のジハード志願者と意見を交換していく中で、過激イスラムの名による暴力テロ共謀計画につながる絆を生む場合もある。

けれども、ウェブはジハード主義者の手でプロパガンダ手段になっているだけにとどまらない。時々、敵対するジハード主義グループ間で、非難攻撃合戦のために用いられたりもする。シリアにおける二大ジハード主義グループ、すなわちISと、シリアでのアルカーイダの公式代表組織であるヌスラ戦線が繰り広げている戦いの中で、ツイッターが重要な位置を占めている。両グループはツイッターのメッセージを繰り出し、相手がフィトナ（イスラム内部の争い）を助長しているとか、不倶戴天の敵であるアサド・シリア政権や欧米の十字軍に対峙しているウンマ（イスラム共同体）を弱体化させていると非難し合っている。ツイッターは時として、それがなかったら気づかれないような、グループ内の内部抗争を露呈する役もつとめる。敵対グループの策略や、腹黒い行動を暴露する手段ともなる。そのため、情け容赦ないプロパガンダ戦争の宿命として、互いをとことん罵り合うことにもなるのである。(3)

欧州諸国政府も、ウェブの重要性と、閲覧されている過激派サイトを監視し、規制の必要性を認識した。民主主義社会のあちこちで、「メディア的ジハード」とも言うべき新たな犯罪が起きるようになっていたからだ。

フランスでは、モハメド・メラによる銃撃事件[*17]が起きた後、一二年十二月に、「テロ行為を擁護」したり、またはテロを扇動したとして取り調べの対象となった人物を仮拘留できる法案が採択された。ロマン・Lという二十六歳の青年改宗者は、アブ・サイヤド・アルノルマンディの偽名で、数多くのイスラム・マグレブのアルカーイダ（AQMI）の広報文を発表した。検察によれば、ジハード主義の電子版雑誌『インスパイア』一〇号と一一号を仏語訳し、過激な内容を広く伝える上で重要な役割を務めていたという。

いまや、パリ検察局も認めているように、「バーチャルなジハード主義共同体が出現したといってよい。その共同体がますます広範に若年の大衆を引きつけている。プロパガンダと過激化とリクルートのベクトルで、孤独な人間がテロに傾斜するきっかけを生み出している[4]……」。

ロマン・Lは、二十歳の時イスラムに改宗し、フランス系モロッコ人女性と結婚した。ジハード主義のウェブサイト『アンサール・アルハク』の運営管理に積極的に参加していたことを認めた。このサイトには、神学テーマ研究と爆弾製造の実践的講義とが相並ぶ『インスパイア』の記事が次々とアップされていた[5]。ロマン・Lは、憎悪をそそのかす行為により、パリ軽罪裁判所で禁固一年の刑を言い渡されている[6]。

過激化を支える資金源

過激化にはもう一方で、経済的、財政的な側面がある。資金があれば、より殺傷力の強い武器を入手できるし、より広範で、より暴力的な作戦を展開できる。何らかのグループや国家からの財政的支援のない活動は、多かれ少なかれ弱小レベルのものに留まらざるをえない。これまでも極右や極左のさまざまなグループが麻薬の密輸や、人質、さらには海賊行為などを財源としてきた。そのいずれもが資金問題を抱えていた。西欧でもイスラム諸国でも、慈善機関やチャリティー団体が、アルカーイダやその他のジハード主義グループに資金を供与してきたことが分かっている。情報機関に与えられた任務は、チャリティーの義捐金集めを装った過激派支援を明るみに出すことだが、その遂行がシリア内戦の激化によってますます困難になってきた。

シリアでは、多くのスンニ派教徒が現政権と戦う者たちを支援するのは宗教的義務だと感じ

---

*17　**モハメド・メラによる銃撃事件**　二〇一二年三月、仏南西部トゥールーズ周辺で起きた銃撃テロ。兵士やユダヤ人児童ら七人が殺害された。四一頁の注を参照。

ている。政権側が、スンニ派が圧倒的多数を占める一般民衆に対して無差別の殺戮と砲爆撃を続けているからだ。ところが、アサド政権との戦いに世俗派が躊躇している間に、イスラム過激派の兵士たちが戦闘の主導権を握ってしまった。

ジハード主義グループは追い風に乗った。何万人もの外国人が国内メンバーとともに政権を打倒しようと参入し、新カリフ制というジハード主義の目指す理想に合致するスンニ派政権樹立のために戦っている。サウジアラビアでもアラブ首長国連邦でも、資金提供者たちは心を決めた。死や拷問の脅威にさらされているスンニ派の兄弟を救援するために、これらのグループのジハード主義的性格にはできるだけ目をつぶることとした。その上で、アメリカから親ジハード主義組織だと名指しされるような、怪しげなチャリティー団体に献金を続けている。

こうして、カタールの二人の人物が、シリアのジハード主義グループのために資金集めをしていると、米政府当局から非難されている。一人は大学教授で元カタール・サッカー協会会長のヌアイミ。重要なチャリティー団体創設メンバーであり、アルカラマ財団[*18]のメンバーでもある。もう一人は、やはり同財団メンバーのフマイガニ。イエメンの政党「ラシャド連合」の設立者で、「国民対話会議[*19]」の発起人だ。この対話会議は、イエメンで米政府の財政援助を受けた最後の機関となった。ヌアイミは、アメリカの非難について、自分がこの地域における米政策を批判したことに対する報復だ、と反論している。シリアのジハード主義グループの方は、シリア向け援助を行っているマディド・アール・アルシャム[*20]などの協会の名をあげて、自分たちのために資金を集めてくれ、信頼に値すると述べている。(7)

過激化が起きえる場

グローバリゼーションがいかに進行しようと、場所の特性が問題に関わり続けるのは間違いない。つまり、地理学の重要性は変わらずにある。ただし、ウェブや国境を越えた関係性の拡大によって、地理的特性の再形成が起きている。時代によって、どこかの国、どこかの地域、都市、地区、アパート、あるいは一寺院が過激化の論理の中で特に際立った存在となることがある。たとえば、一九九〇年代と二十一世紀の初め、ロンドンのフィンズバリー・パークのイスラム教寺院は、過激派イスラムの中心地のひとつだった。そこでは、ジハード主義イスラムのカリスマ的人物の一人、アブ・ハムザ[*21]が説教を行っていた。その説教はムスリムの若い世代

*18 **アルカラマ財団**　スイスに本部を置くイスラム人権NGO。
*19 **国民対話会議**　この会議は、イエメン危機打開のため、湾岸協力会議（GCC）のイニシアチブの一環として設けられた。フマイガニはカタールの顧問も務め、関係が深かった。
*20 **マディド・アール・アルシャム**　シリアの反政府四グループの協同組織。

全体に影響を与え、その若者の一部はその後、聖戦の名で暴力行動へと向かうことになった。

同様に、米バージニア州のイスラム教センター「ダルアルヒジラ」は、二〇〇〇年代にアメリカにおける過激化の中心地となっていた。過激派イマーム、アウラキは〇一年一月から翌〇二年四月まで、そこの導師を務めていた。彼のカリスマによって、若者たちがイスラムの過激な解釈に引き寄せられた。アーメド・オマル・アブ・アリという男も、この文化センターの説教師だったが、〇五年、アメリカでアルカーイダの共犯として有罪を言い渡されている。

ある区域で社会的、経済的な疎外と人種問題、イスラムの過激な解釈の三つが結びついた場合、そこが過激化の源泉たる兆候を示すことにもなる。フランスでは、フランス中東部の大都市リヨン市とその郊外、とりわけヴォーアンヴェランやヴェニッシュー市マンゲット地区が、イスラム過激化の巣窟として知られてきた。とくに一九九五年一月、パリ地下鉄のサン・ミシェル駅で起きたテロ実行犯ハレド・ケルカルは、ヴォーアンヴェラン出身だった。また、米軍グアンタナモ基地内にあるテロ容疑者監獄に収容されていたフランス人六人のうち、ニザル・サッシとムラッド・ベンベンシェヤリの二人がそのマンゲット出身者と判明している。

リヨン地域は、一九八〇年代、アラブ系に平等の市民権を要求して実施された「ブァール人の行進[*22]」運動の出発点となった。この運動が失敗に終わったことが、この地区の過激化の原因になった。また、リヨンが、パリと近隣のスイス、南仏マルセイユを結ぶ戦略的位置にあることも、別の要因だった。「ブァール人の行進」が失敗したからこそ、九二年の軍事クーデターに続くアルジェリア危機の後、過激なイスラムがこの地域のアルジェリア人社会に深く浸透してきたのである。

北部のリールとその周辺都市、とくにルーベも、フランスでのジハード主義が伸長した場所だ。中でも「ルーベ・ギャング団」である。このグループのメンバーは、九六年にノール・パドカレ地方で荒っぽい強盗事件を繰り返した。同年三月末、リールで主要先進国G7雇用サミットが開かれた折には、車に爆弾を仕掛ける事件を起こした。一味は、過激なイスラムと大がかりな犯罪とを結びつけた。リーダーはイスラムに改宗した二人のフランス人、クリストフ・カーズとリオネル・デュモンだった。首領と見られるカーズは大学医学部五年生、デュモンは大家

---

*21 **アブ・ハムザ**　エジプト出身、イギリスで導師をしていたが、二〇〇四年に投獄され、一二年に国外追放され、アメリカに移った。アメリカでもテロの支援者として逮捕され、無期刑を言い渡された。

*22 **ブァールの行進**　ブァールとは、北アフリカからのアラブ移民二、三世で、欧州で生まれた人々を指す。この種の大規模なデモ行進はフランスでは初めてだった。

*23 **カーズとデュモン**　カーズはリールのテロの際、射殺された。デュモンは逃亡生活中の二〇〇二―〇三年に、日本の新潟県にも潜伏した。〇七年、パリの重罪裁判所で禁固二五年の判決を受けた。

族の息子で、元は人道的活動に熱心な男として知られた。[*23]

グループ・メンバーは、ルーベのアルキメデス・イスラム寺院で出会い、九四―九五年にボスニア内戦を戦ってきたイスラム教徒たちとつながりを持った。彼らがジハード主義と関わっていく上で、アルジェリア人のイスラム教徒アブデルカデル・モフタリ、別名アブ・エルマーリが重要な役割をはたしていた。(8) イスラムへの改宗者がはっきりジハード主義の活動家として登場したのは、「ルーベ・ギャング団」が初めての事例である。

イギリスでは、ロンドンの南東部、とくにブリクストン地区があげられる。この地区では九〇年代から、過激派イスラムの活動家が現れた。その大部分は、西インド諸島から来たカリブ・アフリカ系住民の共同体出身者で、多くがもともとキリスト教信者だった。(9)

この地区は、地理的にはごく狭いが、ここで改宗者たちのイスラム教が「被抑圧者たちの宗教」という新たな役割をはたしている。それは人種的に差別、隔離された者の宗教であり、「白人」政権によってぞんざいに扱われた者たちに平等と尊厳を求めるメッセージなのである。実際、イスラム教に帰依することにより、運命を逆転させられる。すなわち、白人が異端者で悪の極となり、信仰篤い黒人は善の極を担っていく。

過激化の場は、警察が監視を強めた結果、変化し続けている。フランスでは一九九〇年代から二〇〇〇年代の初めには、寺院で過激化が進行した。あるいは、礼拝に使われたアパートであったりした。寺院側が知らずにいる場合もあった。ファリド・ベニエトゥが、パリのアッダウ寺院で若い弟子たちに説教をしたのも、半ば秘密裏にであった。

今日では、礼拝所への情報機関の監視はますます厳しく、また寺院側の信徒管理も一段と厳重になっているので、過激化が進むのは別の場になった。それはインターネットや仲間グループ内で、あるいは刑務所とか慈善団体の内部へと変化した。または外国とくにパキスタン、イエメン、エジプトなどへの旅を契機として若者たちが過激派グループのメンバーになる、あるいは新たなグループを立ち上げる場合などだ。

二〇〇〇年代初めには、ロンドンはすでに過激化の拠点となったか、またはジハード主義の組織網に入りたいと考えるイスラム教徒たちを迎え入れる特別の場所となっていた。皮肉をこめ、中東の地名に擬してロンドニスタンと呼ばれたりもした。フランスや北アフリカで捜査対象となったマグレブ出身のイスラム過激派までが、警察の目を逃れるため、ロンドンに移住したりした。

現在は、こうした過激派を結ぶ糸の大部分は消滅した。特に九・一一米同時多発テロの後、アメリカの圧力があり、また〇五年七月のロンドンのテロ事件もきっかけとなった。イギリスでも、いまやジハード主義の組織場所は寺院から離れ、ウェブや仲間同士の結びつきへと移行している。

欲求不満が過激化の要因となるのか

欲求不満と過激化の間には、原因から結果へ至るような直線的な関係性は何もない。ただし、欲求不満が自動的に過激化を引き起こすことはなくても、ある一定の人間集団、とくに精神的に脆弱な人たちにはある程度大きな影響を及ぼす可能性がある。

人が社会に適合する形式が一層複雑になったこと、現代社会の規範の崩壊、そしてまた社会的、経済的な不平等の拡大……それらが一定の集団に、この社会には「二種類の人類」が存在するという感情を抱かせるようになる。安楽に暮らし、社会に組み込まれた人類と、今にも貧困と不幸に落ち込む恐れがある不安定の中に閉じ込められた人類と、である。

一方で、ソーシャルメディアが世界の壁を取り払っている。インターネットの発展とともに、バーチャル化を強めつつある社会的関係の形態が逆に、精神的、社会的分断を押し進めている可能性がある。最も脆弱な者たちを軌道からはずし、横滑りさせてしまうことにもなる。「扇動者」たちは、こうした現代社会の欠陥をつく。精神的にもろく、社会から疎外された者たちの弱さが膨らむのを利用するのである。既存の統計をもとにした多くの研究によれば、欧州では過激分子、とくにジハード主義者の大部分がそうした疎外された者たちから形成されている。

当然ながら、心理的にもろくなっている人間は、「偏執病」的傾向に背中を押されるかのように、物事を必要以上に貧困や人種差別、または貧困者のゲットー化に結びつけて解釈してしまう。自分が直面する欠乏や機能不全の状態を、自分が属している特定の集団、例えばイスラム教徒、外国出身のフランス人、ユダヤ人、黒人などに対し、故意に害を与えようという意思がどこかに存在しているためだ、と考えてしまうのだ。孤独になり、脆弱となり、または「バーチャル化」した人間は、自分の欲求不満の根源にある事実を捻じ曲げて解釈し、それを病理学的に〝美化〟して自分とその集団の不幸の理由だと考える。そこから想像上の共同体の代弁者になったつもりで、その共同体の名のもとに復讐し、社会全体にその代償を払わせようと立ち上がったりする。

不満や屈辱感の蓄積がイスラムに関わることに集中している場合、必ずしもイスラムについて広範な知識など持っていなかったとしても、人々を過激化させていく十分な理由となりえる。イスラム教徒が過激化する上で、少なくとも初期段階ではアッラーの神信仰について完全に知り尽くしている必要はない。過激化した後から、ジハード主義の解釈に基づいてイスラムをもっと深く学びたいと思うようになる事例がほとんどである。

フランスでは、この現象が都市郊外でも刑務所でもはっきり表れている。マグレブからの移民の子や孫の新しい世代は、過激な解釈のアッラー信仰に帰依する以前は極端にイスラム離れしているものだ。私自身のフィールドワーク調査でも、都市郊外で宗教の過激化へと誘導される者は、前もってイスラム教について深い知識を持っているからではないと確認できている。まさにその反対で、全く宗教的素地がないために言われたことをそのまま信じる、信じやすさが強まったためだと断言できる。それまでイスラムを無視し、イスラムについて無知だったことから来る素朴さが、宗教的過激主義にとっては都合よく働くのである[10]。

また、疎外された地区の若者が社会に対して抱く憎悪が、過激な宗教心へと移行しやすくさせる。それまでイスラムの中にあまり溶け込んでいなかった分だけ、容易に移行していく。ジハードとは反帝国主義闘争のことであり、タクットとは世俗の政治権力であり、ジャーヒリーヤ（イスラム以前の野蛮な時代）とは民主主義あるいはイスラム神政政治に適合しない政治システム全体のことだと、単純に理解し、同一視していく。ただし、そんな若者が神政政治の実現を願っていると言っても、それがどういうものなのか、理解しているわけでもない。より一般的に言うなら、欲求不満の大部分は宗教的性格のものではないにせよ、宗教上の目録に組み入れやすく、そこに聖なる意義を与えやすい性向のものだ。こうして一部の若者をジハード主義に到達するような反抗へと追いやっていける。

アフガニスタンやイラクの戦争、さらにはマリのフランス軍のように他のイスラム諸国への西側諸国の介入が、こうした若者たちの間に、イスラムがキリスト教や無宗教の大国に攻撃されている、それを防衛するのが宗教上の絶対的な義務である、という感情を引き起こしていく。

場合によっては地理的にはるか遠方にあるイスラム世界に対し、忠誠を誓うような心情を確認できるということは、この世代における現代の国民国家に対する感情がどれほどもろいかを示している。この世代の若者たちは都市郊外で、あるいは貧困地区で隔離され、不安定な自分を抱えたまま社会から拒絶されて苦しんで生きている。社会による拒絶は想像力で拡大解釈され、意図的で組織的な反イスラムの悪の意思によるものと見なすようになるが、そんな解釈の客観的な証明はどこにもない。

原注

(1) シェイン・スコット&スアド・メケネット「アンワル・アウラキ――テロ非難からジハード説教へ」(『ニューヨーク・タイムズ』二〇一〇年五月八日付)。www.nytimes.com/2010/05/09/world/09awlaki.html

(2) Ghaffar Hussain & Erin Marie Saltman, *Jihad Trending: A Comprehensive Analysis of Online Extremism and How to Counter it*, Quilliam 2014を参照。ウェブサイトは、www.quilliamfoundation.org.

(3) Bill Roggio, «Syria's Jihadist Twitter Wars», The Daily Best, 二〇一四年二月十六日、参照。

(4) 仏誌『ル・ポワン』二〇一三年九月二十日号『メディアのジハード』との闘いが、一つのヤマを越えた」参照。ネットは http://www.lepoint.fr/societe/la-lutte-contre-le-djihad-

mediatique-franchit-un-cap-20-09-2013-1733508_23.php

（5）オンライン誌『インスパイア』は、とくにフランスでは、反テロ訴訟のたびに決まって関わってきた。二〇一三年十月、パリのベルヴィル地区で、「アラビア半島のアルカーイダ」（AQPA）とコンタクトしようとしたとして尋問された若い女性も、同誌を閲覧していた。二〇一二年に摘発された「カンヌートルシー」という細胞のメンバーたちの家宅捜索でも、押収の対象とされた。また、一三年四月十五日、米ボストン・マラソンで二度の爆弾テロを行った容疑者のツァルナエフ兄弟も、爆弾作成のための情報を同誌のページから仕入れていた。『ル・ポワン』誌二〇一三年十月一日号「［パリ］アルカーイダとのつながっている容疑で、女性が逮捕された」（ジャンノエル・ミランド記）参照。ネットは http://www.lepoint.fr/societe/paris-une-femme-soupconnee-de-liens-avec-al-qaida-arretee-01-10-2013-1737093_23.php

（6）「サイバー・ジハード主義者のロマン・レトリエ、別名アブ・サイヤド・アルノルマンディ、裁判で禁固一年の有罪判決を受ける」www.rfi.fr/ticker/contenu/france-une-peine-3-ans-prison-requise-encontre-cyber-jihadiste-abou-siyad-al-normandy 二〇一四年三月四日付。

（7）『ワシントン・ポスト』紙二〇一三年十二月二十三日付、ジョビー・ワリック、ティク・ルート両記者の記事「米国によれば、イスラムのチャリティー当局者たちが、アルカーイダに何百万ドルもの金を提供している」による。米元財務省高官のザラテ氏がそう述べている。

（8）クレール・アネ「メラ以前には、フランスで育ち、目立つ存在になったイスラム教徒はほとんどいなかった」（仏『ル・モンド』紙、二〇一二年三月二十九日付）。

(9) ジョナサン・ギセンズメイザー「なぜウールウィッチ町が問題なのか――ロンドン南部の状況」(『RUSIアナリシス』二〇一三年三月三十一日付)。www.rusi.org/analysis/commentary/ref:C51A8860A58067/#.UaoXyut8OUc

(10) コスロカヴァール著書(一九九七年)を参照。これが事実ということは一五年前に確認されたが、現在も事実である。イスラムのワッハーブ派の解釈が心に染みついたサラフィストというごく少数派は別として、大多数の若者はアッラーの宗教とその過去の歴史について、ほとんど何も知らない。

第5章　欧州で進行する過激化の実像

過激化に多様な形態が広がっているとはいえ、欧州で環境保護や中絶ボイコット、あるいは動物虐待を告発する過激な運動はまれだ。過激化モデルで強烈な存在感を示すのがいうまでもなく政治的なイスラム主義であり、次いで極右主義者となる。スキンヘッド、欧州のイスラム化に反発するさまざまな極右団体、あるいはノルウェーの孤独な狼テロリスト、アンネシュ・ブレイビクがその例である。

各年代層が同じ形で過激化していくわけではない。過激思想に染まり、暴力行動を支持する適齢期といえるものがあって、そのほとんどが一五から四十歳までの年齢層だ。この年齢を過ぎてしまうと、一九九〇年代に過激派となり、パリの九五年サン・ミシェル駅爆破テロで教唆役となったイスラム主義者のように、次第に穏健になった例がある。彼らはふつうの生活に戻ると宣言したり、過激イデオロギーこそ放棄はしないが、暴力テロが現実には役に立たないと告白したりした。中には暴力に固執した者もいたが、属した組織内で自分の格下げを恐れたためだった。同志と引き離されて数年間の収監を経ると、新しいテロリスト集団で居場所を見つけるのは難しい。敬意を払われても、年齢ゆえに無視されるのがふつうになる。

左翼系活動家や、とりわけジハード主義者で五十歳代にかかった者は下手に年をとった印象が強い。それでも、彼らはイデオロギーの鎧を固く身に纏い、過激イデオロギーに裏打ちされた暴力行動が目指す理想を失わずにいる。欧州の刑務所で人生の一部を過ごした者たちは老いを否定し、イデオロギーの不変さを強調したがる。筆者がフランスで受刑者を調査した際、実際にそんな過激派の収監者を見た。極左の受刑者がプロレタリア革命の、ジハード主義者がネオ・カリフ共同体の、それぞれ理想の実現が不可能と認めるほど悲劇的な話はないであろう。

逆に若い過激派、四十歳以下の者には信念に凝り固まった例が多い。不公正とみなす社会に復讐の執念を燃やし、反イスラム勢力と共謀した国や政治体制に対して暴力で抵抗する信念で揺るぎない。刑務所外で確認できる年代による違いは、収監中の者にもそのままあてはまる。もっとも強硬で極端に過激化するのは祖父や父親世代ではなく、彼らの息子世代だ。しかも治安情報機関が過激な志向性を認めた者を父に持つ男は、間違いなく同じ過激な道をたどる。

欧州の新世代でジハード主義者のほとんどは若者であり、複雑な履歴の者が多い。非行をきっかけにイデオロギーに染まり、それまで見出せなかった自分自身を過激行動に求めようとする。ジハード主義がアイデンティティーと、自分の一体性を回復する手段となっているのだ。

彼らが生きる現代社会とは人々のアイデンティティーが多様化し、悪くいえば自己分裂している。とりわけ貧困地区で生きる若者にとって、ジハード主義とは反社会的かつ支配への抵抗となり、その両面から魅惑的なものだ。彼らにすれば、信仰とは社会憎悪の表現であって、社会の監視と抑圧への反逆を意味する。時間をかけて建設的な行動原理を発見し、ネガティブな問題点を問い直すのではなく、手っ取り早い過激な解決策が好ましい。非道で無信仰、悪魔化した社会の秩序と決別し、自分は同じような劣化をしないと決意する。そこに肯定的なものがあるとすれば、自己確信をし、目標達成を阻むあらゆるものを排除して緩みのない信念に燃えた人間の誕生ということになろう。自らの過激思想に追随し、殉教とジハードの理論を身に纏って自分自身を英雄視していく。自分の行動がメディアに派手に報道されることもアイデンティティーの柱となる。以前なら傲慢な白人たちから侮蔑と拒絶の対象でしかなかった自分が、恐怖をまき起こす何者かであると昂然たる確信に至る。ここでいう白人とは欧州社会の成功者を指すが、穏健な中間階層となったアラブ系の人々も含んでいる。

過激なイスラム化は極端な貧困と若年層の規律喪失という社会内部の宿痾から生まれるのだ

が、より外的な理由や状況からも始まる。外的とは国境外の出来事や、カリスマの影響力あるいは秘密組織のメッセージがインターネットを通じて国内へ伝えられ、潜在的なジハード主義者たちを刺激することを意味している。そこでは国の枠を超え、グローバルな論法が展開されていく。

プチ白人が暗示するフランスの現実

フランスにはプチ白人(ちっぽけな白人)とか、時に「糞ったれ白人」と呼ばれて移民系の若い不良が蔑む人たちがいる。彼らは社会の最底辺で生きる者で、経済面でも社会的にも悲惨で価値なしとみなされたと感じており、実際、二重の侮蔑にさらされた者たちだ。経済と社会の本流を成す「本物の白人」たちから無言の侮蔑を向けられ、大都市郊外の同じ若者からは「ここにお前の居場所はない」と罵られる。

一方、プチ白人の側もアラブ系を軽蔑する。彼らから見てアラブ系は公的権力の関心を独占するし、やたら騒乱を起こすために、自分たちも苦しんでいる屈辱的な貧困の現実が覆い隠されてしまうと考えるからだ。共和主義者のエリートや一般国民から、無言の「人種差別」を受けているとも感じている。エリートは自分たちを偏見の目で見ているか、もっといえば、見てさえいない。貧困とは都市郊外の貧しい地区や移民家族だけの運命と決めつけている。認識が無い上に無関心なので、貧窮した同じ白人同胞がいるとは考えたこともないのだ。

プチ白人の多くがその日暮らしの困窮を生き、無名の人生を送る。騒乱や街頭の反逆行動に出ることもなく、地味な忍従の暮らしに甘んじている。その境遇を運命と受けいれつつも、心の底では怒りをたぎらせているが、決して表に出さず、まして政治行動に出たりはしない。

かつて底辺の人々の擁護者であった共産党に代わって台頭する極右の国民戦線（FN）の支持者となっているのが、こうした人々だ。FNはプチ白人たちの自己イメージを刷新し、人生に自信を取り戻させた。また、祖国がフランス人の手に取り戻されれば、彼らが矜持を回復して生きていける将来像を提示した。もちろん、少数ではあるが、凶暴な過激集団へ近づき、あるいはイスラムへ改宗して過激イスラム主義集団に転じる者がいる。プチ白人にも無言の煩悶を抜け出して極右FNの同志と怒号を上げたり、ジハード主義に転向して孤立を抜け出す道が用意されているわけだ。こうして見れば、リベンジは自分たちにも可能だとわかる。FNが招からざる外国人を追い払った新生フランスで、プチ白人たちの居場所を創りだしてくれるだろうし、ジハード主義に立てば、自分たちを蔑視してきた主流の白人に対して復讐の機会が与えられよう。

これらプチ白人で過激化するのは少数だが、彼らの精神世界と生き方を含めた主体性の問題は興味深いテーマに違いない。「本物の白人」「プチ白人」、そして社会にとけこめず、同化できない移民系の居留者を総称した「アラブ人」。このグループが三すくみの関係にある。非宗教の極右過激派が起こす暴力であれ、過激イスラム主義のものであれ、プチ白人が何らかの暴力行為に関与する際、動機にはこれらの関係性が作用する。

若いアラブ人にとって「糞ったれ白人」という存在は、忌み嫌っているが、妬ましい本物の白人の反面モデルだ。この劣等白人はゼロ以下の存在で、社会的な立場や金銭面でアラブ系よりさらに持たざる者だとみなしている。フランスの伝統的なエピナル版画に表現された典雅で裕福な白人とはまるで違う。アラブ系のような巧みな生活能力を持てないし、住民同士の連帯や相互扶助による恵みも少ない。「灰色の連中」（治安の悪い地区で暮らす移民系住人）と差別的に呼ばれる若者たちは、住み慣れた地区であれば常識はずれの行動で金銭を稼げるし、その腕前で一目置かれたりする。〝屑ども〟と蔑視される若者たちだが、仲間と組んで街区の悪事に励み、報酬を増やすこともできる。

「プチ白人」も持たざる者ではあるが、スキンヘッドやアラブ系の若者と連帯できるわけではない。大都市の片隅で孤独な人生をおくり、だれにも気づかれず、家族や古くからの知人からも交流を拒まれ、物乞いにおちぶれる場合さえある。貧しいゲットー地区で暮らすアラブ系の若者から見れば、傲慢で裕福で、ご立派な良心を持った憎々しい白人のイメージを裏切るのが、これらの「プチ白人」である。恵まれないまま下流で生き、堂々たる市民どころか愚劣さに堕ちた者たちだ。アラブ系の若者にすれば、白人を妬む根拠を失わさせる迷惑至極な者たちとなる。それゆえ、「プチ白人」とは同情をかうどころか、侮蔑と恨みの対象にさえなる。自分たちと同じ下流で生きるから親愛の情を抱くのではなく、逆に毛嫌いし、一般白人と肩を並べられない愚劣な連中だと侮蔑し、憎悪をかきたてさえするのだ。

「プチ白人」もまた、居心地よく暮らしているわけがなく、周囲から浴びる拒絶と軽蔑の視線を常に感じている。居住地の近辺には犯罪に手を染めるイスラム系の移民住人が多い。そんなアラブ系の者たちから「こんな所に住むのか」と揶揄され、挑発される。そのため、報復もあって過激主義に染まりやすい。それはアラブ系を敵視する極右過激主義か、恵まれた白人に挑む過激イスラム主義か、そのいずれでもありえる。あまりに絶望すると、自らを閉ざし、孤独と劣等感にさいなまれ、物乞いや犯罪者に落ちぶれたりする。居場所のない世界に不満を募らせ、人種差別感情を強めていく。それは自分を攻撃してくる若いアラブ系への反発であるとともに、大家族を国の支援で養い、失業対策などさまざまな手当の恩恵に浴すアラブ系の国民全体に憎しみをたぎらせた結果である。

それに比べ、自分たちは看過され、不十分な社会保障のせいで下層暮らしを強いられたと思っている。自分自身の社会イメージの悪さは、補助金で生きるアラブ系や裕福な白人に比べ、気分が悪くなるほどだ。大都市近郊や郊外に住む、あるいは収監中のプチ白人には、こうした憎しみが蓄積されている。今の時代や社会における居心地の悪さゆえに、アラブ系など排除されていた昔の秩序社会の復活を望んでやまない。そこでは奪われた誇りを取り戻せているに違いない、と。

では、だれが彼らの矜持を奪い去ったのか。もちろん、移民やその子孫も関係するが、だれよりも彼らを軽蔑するのは普通の白人同胞なのだ。同情はしても、侮蔑と無関心、ふつうの白人にすれば、彼らはいないのと同じで、社会のクズか乞食、ボランティア食糧支援団体「心のレストラン」常連であり、物乞いでしかない。要するに見たくない困窮にあるか、遠目で見てちょっぴり援助してやればいい連中なのだ。こうなると、プチ白人が復讐に燃え、過激化しておかしくない。「アラブ系をぶちのめす」と叫ぶ極右の過激集団に加わって移民を憎む正しさを知り、復讐を誓う。文化的に劣等な移民系が社会的には自分たちより上に扱われ、実際にいい身分でいるように見える。社会保障の恩恵に浴したり、犯罪の水揚げでうまい汁を吸ったりしているではないか。

そうしたプチ白人が抱くレイシズム感情を見事に表した証言がある。パリ北部地区で起きた暴力事件に関与して収監された若者が、不幸な白人の心の内幕を次のように表現した。

若い受刑者の証言「駅近くの路上に〝ダチ〟たちと集まって、アラブ人ならだれでもいい、出会いがしらに殴ってやろうぜ、と話していたんだ。一人か、女連れならもっといい。仕返ししてやるつもりだった。なぜ、アラブ人かって？　俺たちの仕事を分捕り、女を連れ去っていく。社会援助のあれこれもそうじゃないか。物乞いするくせに俺たちを目の敵にする。アッラーの宗教を押しつけ、ものの見方にまで口出ししてくる。時には、連中が喧嘩を売りにきやがるんだ」

これに対し、アラブ系の若者も同じように人種差別に反発し、社会に牙をむく暴力や非行を正当化する。刑務所で調査すると、アラブ系の若い受刑者が移民という出自や、言葉のアクセント、貧しい地区育ちを理由にいつも差別されてきたと証言する。レイシズム感情は二級市民とされた者をさらに社会の片隅に追いやり、誇りを否定し、負の結末を招く。それは「あれでも、これでもない」二重否定の社会を意味し、若者からアイデンティティーを奪いとってしまう。つまり、彼らはフランスではフランス人とみなされず、家族の出身地マグレブ（北アフリカ）にいけばアラブ人でもない。フランスでは汚いアラブと蔑まれ、両親の出身国にいけば、今度は汚らしいフランス野郎といわれる。

プチ白人の場合も、社会状況がレイシズム感情を育むのであって、アラブ人を対象にした人種憎悪が端緒なのではない。一般白人と移民系のいずれにも劣等感を抱くので、差別感情を優越感のテコにして自己イメージの再生を図っているといえる。彼らもまた、苦しむ者たちなのだ。ただし、若いアラブ系と同じ二重否定の世界にいるとはいえ、状況は異なる。中流フランス人のような恵まれた生を受けたわけではなく、アラブ系のような社会保障の恩恵にも浴せない。不遇にあるのは、彼らが嫌悪するアラブ系に似ているが、政治傾向は違ってくる。彼らにすれば、フランスに居場所がなく、自国で亡命生活をおくるようなものだ。ありきたりの左派や右派の政治勢力を選んだとしても、彼らの政治的要求に耳を傾けてくれないどころか、軽蔑されかねない。

プチ白人がたどる過激化プロセスは移民系の若いムスリムと似た点はあるが、始まりの与件が違うので同一ではない。プチ白人の場合、アラブ人全般あるいはイスラム教徒全体への憎悪という点で第三のユニークな過激化がありえよう。欧州のアイデンティティーに固執しつつ極右思想を信奉し、押し寄せるイスラムの脅威に目覚めさせるため、呑気な白人の殺害に及ぶという矛盾した過激行動に出る者がいる。それこそノルウェーで大量殺戮に出た極右犯ブレイビクの場合にあたる。

貧困にあえぐことが多いプチ白人とはいえ、中には中流階層にいるのに想像力で過激な思潮に染まっていく者がある。仏極右政党FNはフランス北東部の県や小村、農業地域で高い得票率を得るが、これらの地域でとくにアラブ系が多いわけではない。にもかかわらず、アラブ系住民がかきたてる不安と、自分たちの社会的地位の低落、アイデンティティー喪失の恐怖が想像の世界で増幅されている。それがFNの高い得票率の源泉だ。想像の世界で欧州をイスラムの被害者とみなす《被害者モデル》を真に受け、極右過激主義が主体的に立ち上がる。ノルウェーのブレイビクのように、わが欧州というアイデンティティーを守るため、何がなんでもイスラムという敵と戦う責務があると思い込む。そのとき、暴力が正当性をもつ。この点では肉体的暴力を公言していない多くのFNの支持者とは認識が異なるだろう。

現代の生活環境が想像力による宗旨替えを可能にした側面がある。ふつうの白人でもインターネットを通じ、理論武装したりして自分から過激化し、プチ白人との一体化がありえる。その際、貧乏で社会の枠外にあるプチ白人と社会経済の諸条件が同じになる必要はない。過去にも、ブルジョワのインテリ知識人が同情心からプロレタリアート支持者となりながら、本来の合理的判断と相いれず、板挟みになる例があった。現代では人が他者の世界に入り込み、そこに住みついて起きる転移現象を純粋に想像だけの産物とみなす必要はない。本物であれ偽装のプチ白人であれ、他の白人に危害を加えることで警鐘を鳴らし、大災厄の到来を警告しようとする。欧州がアイデンティティーを失い、イスラムに屈服させられる大災厄は、終末論的な世界観を抱く彼らには目に見えている悲劇なのだ。

極右もしくはジハード主義という二種類の過激主義がプチ白人を蘇生させた。貧困ゆえの無規律は集団に属すことで正される。その集団は彼を孤独から救い、誇りを与えてくれよう。それにもかかわらず、よくあるのは沈黙の絶望に落ち込み、立ち上がる手がかりのないまま内面の怒りで身をさいなむ彼らの姿だ。

過激イスラム主義者たち

人を過激化させていく二つの要因がある。

フランスの都市郊外にあるゲットーや、イギリスのスラム街で貧しい環境のもとで暮らし、非人間扱いされてきたトラウマが加わると、すべての門扉が閉ざされたような深い絶望にかられる。水平線の向こうは間違いなく行き止まりである。しかし、こうした絶望感はしばしば、社会的偏見と人種差別が生み出す醜い現実を過剰に自分の身の上にすり替えて起きるもので、偏見の犠牲者という彼らだけに特有のものではない。実際には、北アフリカ出身の移民たちの多くがフランスで成功し、中流に収まっている。貧困から犯罪と収監を繰り返す悪しき循環を見事に断ち切って生きている。それでも、フランスでは過激化現象の背後にある負の幻想を止められない。出口への希望がなく、閉鎖され非人間的な世界に閉じ込められた若者という幻想である。本来、負の感情があったとしても、イデオロギーと結びつかない限り、犯罪か激しい暴力で発散される暗い絶望感で終わるだけのことだろう。非行や犯罪とは、自分を否定した社会の規範を破る行動で中産階層に加わり、貧困から脱出するための便法であるはずだからだ。

ふつうの白人が目線を向けたという理由だけでアラブ系の若者からひどい暴力を受ける事例がある。制服警官、憲兵隊、パリ交通公団（RATP）のメトロ・バス乗務員、消防救急隊といった人たちを国家の手先か、社会的成功と立派な生活人のシンボルとみなし、攻撃対象とする。絶望と恨みが混ざりあった感情を若者が「憎しみ」と呼び、社会学者は「怒り」と呼称する。これがイデオロギーをバネとして神聖なものとなったとき、たんなる攻撃性や犯罪を超えてラディカルの道へと突き進んでいく。そうなると、自分だけ悪しき環境を脱け出せれば終わりとならない。自らイスラム情宣活動家を名乗り、イスラム教とムスリム全体の救出を試みようとする。信仰の騎士となって、不信心でおぞましい偶像に充ちた世界に激しい戦いを挑むことになる。

欧州で信仰の宗旨替えは難しいものではない。だれもがイスラム教について基本的に無知なので、ジハードの誓いをたてるだけで手軽にアッラー信仰を我が物とできるし、どこからも文句がでないので改宗がますます容易になる。イスラムを暴力的に解釈すれば、社会秩序を脅かす戦いを正当化してくれる。秩序とは、自分をふつうの人々と違うとみなし、いつも上から目線で見て、「まるで虫けら扱いだ」と都市郊外の若者につぶやかせる憎々しい社会のものである。自分を見捨てた連中を、いまやアイデンティティーの一部となった激しい暴力の前に晒し、復讐するわけだ。

この現実を証明する例がある。イギリスでカリブ海アンチル諸島出身者が多い地区で、過激な解釈をするイスラムへ改宗する動きがあった。ジャマイカ出身のアブドラー・エル・ファイサルがその一人で、イスラム改宗後、自ら導師を名乗った。コーランを引用した説教をするが、実質は二十世紀前半の黒人解放運動の指導者で、同じジャマイカ出身の黒人奴隷マーカス・ガーベイの言辞を教説していた。ガーベイは白人支配を糾弾し、黒人奴隷のアフリカ帰還を訴えた人物。ファイサルもイスラムの正義に基づき、白人が行った不公正を糺そうと黒人を鼓舞した。非イスラムの白人によってムスリムや黒人が差別され、抑圧されていると主張した。その後、説教で非イスラム教徒の殺害を呼びかけた疑いで、二〇〇三年に収監された。ファイサルにとって、イスラムが白人による黒人の不当な扱いと支配を糾弾する手段だった。不敬な白人へ戦闘宣言するしか抑圧を打ち破れない虐げられた人々の宗教。それがイスラムというのである。

ザカリアス・ムサウイの事例もまた象徴的な一例だ。モロッコ出身の移民を両親に一九六八年、フランスに生まれ、親の離婚後、母親に育てられた。その母親は四人の子どもを養育する間、モロッコ系の人々やイスラムとも一切関係を断ったが、それは子どもたちがフランス社会に同化するのを願ってのことだった。ザカリアはアルコール類を嗜み、旧仏植民地出身の女友だちとデートを楽しむ平凡な青年だった。ユダヤ系の友人もいたし、ハシッシュを吸ったりもした。当然、イスラムを無視していた。中等教育のバカロレア修了資格を得て入学した専門学校を一九九〇年に中退。ザカリアが自分の曖昧なアイデンティティーを痛感させられ、イスラムに救済を求め始めたのがその頃になる。南仏モンペリエのモスクに頻繁に足を運ぶようになった。モンペリエ第三大学ポール・バレリー校社会経済学部で一般教育課程を修了し、九二年、英語研修のため渡英した。

この当時、ロンドンがイスラム主義者の蝟集するロンドニスタンと呼ばれた時期にあたる。英政府がとった寛容政策のおかげでイスラム主義者が結社を創り、拠点の一つとなっていた。ザカリアに影響を与えたのが市内北部フィンズベリー・パークのモスク導師だったアブ・ハムザ師とアブ・カターダ師の説教だった。ザカリアはそこで過激なイスラム主義者たちと物心両面で絆を強め、金銭の支援も受けた。

その頃、地政学的な面からいえば、西洋とりわけアメリカという巨悪がムスリム世界を攻撃し、ボスニア、パレスチナ、アルジェリアではそれぞれ内戦が起きていた。ザカリアもアフガニスタンへ向かい、後に九・一一米同時テロの司令塔となるハレド・シェイク・モハメドの知己を得たものの、気まぐれな性格を嫌われ、目をかけてもらえなかった。〇一年二月、イスラム主義者の資金でアメリカ入りした際、航空機の操縦訓練をしようとして怪しまれ、当局の注意を惹いた。世界貿易センタービルが突撃テロの標的とされる直前の八月十六日に拘束され、その後、終身刑判決を受けた。ザカリアにとってイスラムとは不確かな自分という病を癒す解毒剤であり、不信仰と支配欲に充ちた西洋に対する戦いを通じてのみ、深みを増し、極められる宗教であった。

仏西南部トゥールーズでユダヤ人学校を襲撃し、「スクーター殺人テロ犯」と呼ばれたモハメド・メラは、ザカリアより一〇年遅れで似通った過程をたどって過激イデオロギーを信奉し、行動に出た男だ。一二年三月、トゥールーズとモントーバンで七人を殺害し、うち三人はユダヤ系の幼い子どもだった。

モハメド・メラの家族関係に注目すると、正確無比な横顔を描くのは無理だとしても、宗教上の過激主義を信奉した後、社会と断絶し、犠牲者の痛みを何ら感じない冷酷な性格となった理由を理解できよう。ユダヤ系の子ども三人を殺害した冷血さもそうだ。メラも先のザカリアと同じく、移民系の家庭で育ち、母親が一人で子どもたちを養育した。父親が狂信に近いほどの急進的なイスラム信仰者であり、母親と母方の伯父ハミドも狂信的信仰者であった。また、シリア系フランス人の助言者がいてイデオロギー教官の役をはたしたと思われる。その兄アブデルガーニが事件後、ジャーナリストと共著でフランスで出版した本があり、「弟をテロ犯に仕立て上げたのはこのシリア系の男」と暴露している。これに、イスラム主義を信奉した次男アブデルカデールと、妹のスアドを加える必要がある。

息子と娘の構成は男三人女二人で、家族の多くが刑事犯罪に関わってきた。父親はマリファナ取引に関与し、フランスで刑に服した。次男も未成年のとき、暴力沙汰とドラッグ取引で警察に補導され、成年となると今度はユダヤ系の女と結婚した兄を責め、暴力を振るって収監された。この次男は妹スアドとともにカイロにあるサラフィー主義のイスラム学校で修養し、コーランを学んでいる。この妹スアドも身分証明などを偽り、エジプト当局から指名手配された。最初の結婚がドラッグ売人、次いでサラフィー主義者と再婚したので仏情報機関が「過激なイスラム信者[1]」と目をつけた。エジプトでコーランとアラビア語を学んだスアドは、自ら手を下すことはないが、暴力を正当化するイスラム信仰者と宣言している。

モハメド・メラはこのようにバラバラな家族関係の家に生を受け、夫婦間の暴力や宗教に名を借りた不寛容がまかり通る異様な環境で育った。母親はよくモハメドを一人残して家を空けていたし、六歳のとき里親に預けられ、次いで少年ホームに移されている。情緒不安定で寂しがり、時に乱暴になった。学業成績がいいわけがなかった。乱暴な下の兄アブデルガデールからよく暴力を振るわれた。モハメド自身も望みがかなわないと、邪魔する者に乱暴した。〇二年には週末帰宅ができないことに苛立ち、ホームの社会福祉士助手を殴りつけた。ホームで暮らす女の子たちをいじめ、教官に反抗し、盗み、罵った。彼の母親でさえ、その乱暴ぶりを嘆く始末だった。非行を繰り返し、未成年時だけで一四件の非行事案を起こしている。〇七年、「ホームジャッキング」という窃盗団メンバーとなり、盗んだ四輪駆動車で時速一八〇キロの高速で突っ走り、憲兵隊の警備車両を蹴散らして二人を負傷させる事件を起こす。[2]警察、憲兵隊とのカーチェイスがテレビ放映されると、それを何よりの自慢とした。

メラにとって暴力にはいくつかの意味があった。人は他人との関係の中で生きているというのに、メラの場合、ジハード主義と非行犯罪の両方に意義を見出していたので、暴力を人に押しつけて何ら後悔することがなかった。ジハード主義が暴力を正当化してくれ、犯罪を意義づけてくれると信じた。暴力にはシンボル的な側面もあった。盗品のビデオゲームに興じ、一一年公開の米映画『ファースター　怒りの銃弾』など、やたらアクション映画にのめり込んだ。まるで想像の世界で生きているかのように、戦争と破壊の映画の虜になった。

暴力には、それが与える陶然たる気分がある。恍惚状態になれば死の恐怖を忘れ、罪の意識が吹き飛ぶ。過激なイスラムを信奉するとは、殉教者になってあの世で永遠の生を保障される高揚感につながっている。すると、生を賭す危険が何ものでもなくなる。高速の四輪駆動車で逃げまわったとき、警察の手を逃れられたのは神の加護のお蔭とメラは信じた。その企みは勝手な神聖物語と冒険譚であり、そこで自我は「悪のヒーロー」へと昇華し、歓喜に陶酔できるのである。

メラの内面では暴力がサブカルチャー化し、残虐さが当り前となった。市民同士の暴力を禁じた社会規範は時代遅れでしかなかった。犯行の間、首にウェアラブル・カメラを提げ、ずっと自動撮影し、映像を世界ネットワークTVのアルジャジーラへ売り込んだ。犯行を実写するだけでなく、映像はイスラム戦士ムジャヒディンとしてイスラム救済を自称し、人殺しに及ぶ本人の自己証明となる。映像を通じ、悪のヒーローとなり、テロの非道さが社会から憎しみを買えば、自らの価値がますます高まると信じきっていた。

彼はパキスタン、エジプト、シリア、レバノン、ヨルダン、タジキスタン、アフガニスタンと多くの国々に行った。アルカーイダと接触しようと、一〇年九月から翌年二月の半年間で、その連絡先に一八六本のSMSメッセージを送っていた(3)。初歩的なアラビア語なら理解できたので、逆に組織から警戒され、単独行動を決めたようだ。フランスのイスラム過激集団「フォルセーヌ・アリツア」*1のような組織が影響を与えた部分があっただろうが、基本的にモハメド・メラは一人きりで行動し、犯行に及んだ。

こうしたメラやムサウイに共通するのがバラバラに崩壊した家族関係、現実か想像の産物かは別にして、社会への恨みを大きくし、犯罪で社会と断絶しようという意思、何よりもアラブ人でもフランス人でもない、アイデンティティーを二重否定された運命を呪う負の感情だ。そうなると、過激ジハード主義の力で無能の烙印を克服し、神聖な世界に生きようとするかも知れない。このタイプの自己確認の行動は反社会性を帯び、自分こそが被害者意識に立って他者への非道な暴力を正当化する。社会から排除された完全な犠牲者なのだから、社会に対する悪逆無道な仕打ちを許されるのだと、倒錯した正当性を主張するようになる。

犠牲者意識の若者たち

欧州とくにフランスで、イスラム教徒人口が急増していくのは一九六〇年代初頭から起きた工業社会の時勢と関係する。二度の大戦で荒廃した欧州各国では経済再建にあたって未熟練工への需要が高まり、移民の受け入れが奨励された。労働力補充のために旧植民地国や近隣諸国に目を向け、あるいは文化的に近しい国々から必要な労働人口の導入を図った。北アフリカのマグレブ諸国からフランスへ、そしてインド、パキスタンからイギリスへ、トルコからドイツ

＊1　**フォルセーヌ・アリツァ**　フランスのナントで二〇一〇年結成された反ユダヤ主義を掲げた急進的なイスラム主義者の組織。二年後、仏内務省が解散命令を出した。

へという移民の流れが続いた。移民のほとんどがイスラム教徒とわかるのは後のことだ。

その移民が三世代目となると、子どもや孫たちの多くが親の定住国の国籍を持ちながら、極貧の暮らしに落ち、さもなければ社会から排斥の目にあった。一部が中流階層に加わり、社会の一翼を担ったが、数字上の多数派は貧困層で、ふつうの市民扱いすら受けず、英語だと「パキ」、フランス語では「アラブ」とか「ブヌル」（現地人）の蔑称で呼ばれた。フランスでこうした境遇は青年男子に際立ち、女子だとイスラムのスカーフを巻かない限り、男子よりは社会に受け入れられやすかった。また、失業率が平均よりはるかに高く、多くが評判の悪い地区で生活した。そこでは差別感情が強く、生活水準も国平均よりはるかに劣る。犯罪率が高く、教育レベルは逆に平均よりずっと低い。

彼らは日常を自宅周辺でつぶすか、犯罪に走るかだ。そんな若者の人生を表現するのに、フランスで一九八〇年代に流行した「ギャレール」（奴隷船）という言い方がぴったりくる。工業社会が終わるとともに社会で権威の解体が起きた時代、職にあぶれた青年が犯罪に手を染めていった。そんな状況を表現した流行語だった。イギリスにある「ストリート・ライフ」（路上の人生）という表現と重なる。

そうした若者は規則を逃れ、暴力の中で生きている。彼らは、中流の白人がイスラム教徒住民には手の届きようがない地位を利用し、懐を肥やしていると思い込んでいる。また、こうした貧困街区の若者の中には、まやかしの社会で未来を奪われ、経済的チャンスもない人生を生かされていると思い込む者がいる。私たちが「犠牲を強いられた者たち」と名づけた彼らの心情には、社会の底辺へと排斥された者たちにある根深いペシミズムが認められた。移民系家族の若者であれば、「アラブ人」の名でくくられ、アイデンティティーに確信を持てない二重の厭世観がそこにあった。アラブ的なものを否定され、フランス的なものも否定された世界観を超克するため、信仰に無縁な若者でさえイスラム教を手段とするかもしれない。イギリスの移民系の若者であれば、パキスタン人でもイギリス人でもないという二重否定の厭世観となるだろう。とまれ、イスラムという聖なる正当性の恩恵にあずかって、新たなアイデンティティーを手にできるかもしれないのだ。

ムスリムであることは、フランス人かアラブ人かはもはや関係ない。イスラムによるアイデンティティーが、二重否定と無力感の間で打ちひしがれた人々に待望の存在理由を与えてくれる。北アフリカ出身の若者にとってアラブという理由でフランス人と認めてもらえない一方で、アラブ人たることもたんなる属性でしかない。実際、アラビア語は俗語や罵り言葉を少し知っているだけで、正確に話せるわけではないし、両親や祖父母の出身国に行ってみれば外国人扱いされる。しかし、イスラムと一体化すれば、自分の存在は確かなものとなり、中にはイスラム教をさらに深く学び、蘇生された存在証明とする者も出てくる。もちろん、自分の存在の礎をイスラムといいつつ、ほとんどが宗教修養を積むことなく終わる。

犠牲者の意識は、社会への絶望感と重なる。欧州でもとくにフランスではアラブ系若者が就職し、市民として社会に根を下ろす場合、どんな名をもつか、あるいは男か女かで違いがある。モハメドのようなアラブ系の男子名だと、偏見の対象となりやすく、典型的な人種差別に遭いやすい。男の名でもロバートのような名を持てば、必ずしも社会の扉が閉ざされず、中には高等教育を修め、中流の一員として一般市民と同じ街区で暮らす若い世代もいる。その時、無名の人々に溶けこみ、出自を一切明らかにせず、貧困地区から脱出できなかった者たちときっぱり関係を断っているはずだ。

犠牲者意識は苦しめられた歴史から生まれる。とくにマグレブ出身者のほとんどを占めるアルジェリア系の人々がそうだ。対仏独立戦争があり、仏軍に加担したためにフランス本土へ逃れたアルキの人々[*2]がおり、その悲劇的な行く末があった。また、アルジェリアから帰還した百万のピエ・ノワール[*3]と呼ばれる元入植者たちが抱えた怨恨の歴史もある。彼らは故郷と信じきったアルジェリアへの帰還を許されなかった。マグレブ出身者に対する人種差別と無理解は、こうした過去の悲劇と無関係ではなく、幸福な出口にたどり着けなかった歴史の産物といえるものがある。それは、南アフリカで人種間の恨みや憤りを超克するため、強制的な力で国民和解を成し遂げた事例とはまったく異なる。

アラブ系第三世代で犠牲者意識を抱えた若者には、次のような道が示されていよう。

その1　中流の暮らしを夢見て、手にする結末

一つの選択肢は、多くの落とし穴が待っているだろうが、社会的にも経済的にも立派に立っていく手堅い道を選ぶことだ。その場合、地道に勉学を続け、就職をし、心血をそいで努力を重ね、偏見を持つ周囲と闘わなければならない。そうやって内なる犠牲者意識を克服し、社会を現実的に見る視座を獲得していく。過剰な攻撃性によるのではなく、自分の出自を理由に社会に憎しみを向けたりしない柔軟さと適応能力を発揮し、ステレオタイプの偏見と闘う術を身につけていかねばならない。話す時のアクセントを修正すること、一番声の大きい者が男らしいとなる遊びで、他の仲間のような叫び声を上げたりしないこと。服装など見た目も変える。

＊2　**アルキ**　アルジェリア独立戦争（一九五四―六二）で仏軍に加わった元イスラム兵士たち。戦後、フランスへ移住。仏政府は二〇〇一年公式にアルキに対する責任を認めた。子孫ら八〇万が仏在住と推定される。

＊3　**ピエ・ノワール**　元アルジェリア入植フランス人と子孫の呼称。アルジェリア独立後、八〇万が仏本土へ帰還、二〇万は現地に残留した。直訳すれば「黒い足」。語源は諸説あるが、やや蔑意があるとされる。

都市郊外の典型的な若者ことばである、単語のスペルを後ろから発音する「逆さことば」で話すのを止めて、ふつうにフランス語を話すこと。とりわけ、攻めたてるような話し方や母音が不明瞭な言い方を避け、大都市郊外育ちとわかる話し方をしないことだ。また、ストイックで平均的なフランス人以上に時間を守り、真面目に徹する。つまり、アラブ的なものを振り捨てるには、代償が必要ということになる。

これが容易なわけがなく、子どもの養育で父親が母親を手伝い、子の勉学を熱心に見守るような、きちんとした家庭に育った者たちだけが成功できる。貧困地区にありがちな片親家族というのは大きなハンデだが、その場合でも教師や支援団体の尽力で立派に育つ者がいる。不公正な社会と理不尽な環境に打ち克つ力を自分の内部に見出し、犯罪に引き込む魔の手を逃れていく者もある。中産階層に努力して上りつめた者たちには一つの考えがこびりついている。過去を忘れ、貧しいゲットーを思い出させる交友や知人とは一線を引き、その社会と断絶すること。目立たず、無名の市民生活をおくることだ。

確かに、貧しい地区の暮らしを忘れ去れば、新たな展望を望めるかもしれないが、そんな人は見捨てられたゲットーの人々にとって頼りとなるわけがない。言い換えれば、貧困脱出は個人のものでしかなく、排斥の現実や犯罪が溢れる危機的状況は相変わらずゲットー貧困地区を特徴づける。そんな地区に現住所があれば雇用者の評価は低くなるだろうし、学業もまずふるわない。地区の学校自体も進学実績が悪いので、中流の家庭であれば子弟を他の地区へ転校させてしまう。失業率が非常に高く、狭い仲間同士でしか交流しない若者が、大きな犯罪組織の人狩り場となったりするのは当然の成り行きだろう。

怠惰で密売人のごとき暮らしが日常となった生活環境のゆえに、彼らがイスラムの新たな解釈に遭遇し、目覚める可能性は高い[4]。それも厳格で極端な教条主義のサラフィー主義者となる場合がある。そこでセクト的な交流が形づくられ、一般社会とは異なった生き方が選択肢として提示されると、それはもはや、受け身の生き方ではない。

事実、密売と盗みで成り立つ犯罪人生を運命と受けとめ、そこを脱出する術がなく、少なくとも平凡な消費者になって生きていくのは無理、と決めつけた若者たちにとって、イスラム化の道は家族や仲間と離れた新しい生き方のモデルであり、自分が選びとった道と信じられるものだ。仕事、勉学、あるいは住む場所などどこでも選択を拒まれてきた者が、宗教によって人生を自分のものとする道を許されるのである。ただし、そうやって自らの手で人生を切り開き、固有の道が開けたはずなのに、サラフィー主義の選択はセクトに属す新たな集団生活を意味し、逆説的な状況に陥ることがありえよう。

宗教を冠した過激化が進行していけば、確かに、自分の運命と思い定めた最下層の人生との決別を約束される。死もまた重要な要素として、個人の自由を行使できる機会なる。イスラム過激主義の選択が貧困地区の暮らしや、他者や社会から押しつけられた人生の拒絶を許してくれるかもしれない。また、妥協しない新しい信念が、犯罪にまみれ、定められた暗い人生の頸木(くびき)から解放してくれるかもしれない。そうなると、麻薬の密売や取引に熱心に取り組むことがたんに金もうけではなく、ジハード活動を支える立派な資金作りへと変貌するだろう。

その2　犯罪と憎しみを神聖化した生き方

次は、自分もしくは周囲の働きかけで非行犯罪に染まっていく場合である。犯罪は周りの貧しさより、ずっと上の生活を保証してくれる手段となる。楽に稼ぐ生き方、都市郊外の荒っぽい連中との付き合い、警察や市民、他のやくざ集団に仕掛ける暴力沙汰のあげく、刑務所の出入りを繰り返す人生。それは密売、盗み、地下経済ビジネスで成り立つ暮らしとなるだろう。だが、朝寝しては夜通し通りをうろつき、〝ダチ〟たちと群れる若者にとって、そんな生き方が一番楽な道になる保証はない。他人を攻撃して勝手な自己主張で貧しい地区の仲間と友愛を契り、社会規範を破れば魔法のように貧困から解放されると、彼らは叶いもしない夢をわかちあっている。

悪のグループは組織が緩いので、腕力の強い者がボスとなって家族的な集団を形づくる。兄貴分が未成年の年少者を手下にこき使い、見張り役や末端の密売人をやらせて稼がせてやる。

大型車とか、ブランド靴とか、贅沢な暮らしぶりを見せつける。豪華レストランに仲間を招き、両親はもちろん身内を援助して祖国に家を建ててあげる。稼ぎの悪い仕事を選ぶよりも犯罪が中流の暮らしを約束する稼業となり、現実社会の鼻を明かす方便となってくれるはずだ。

こうした生き方で豊かな暮らしを手にしようとすれば、社会とは激しい報復と挑発の関係にならざるをえないだろう。とくに行政機関や警察権力に対しては、邪魔者扱いされ、侮蔑されたと感じているだけに憎しみも激しい。非行犯罪はイデオロギーではなく、たんなるエゴイズムの発露である。当然、世界の変革を目指すどころか、金持ちになる野心を邪魔する法規範を破り、暮らしを心地よくするためのものだ。法を犯すばかりか、一般の「誠実に生きる市民」を馬鹿にする。そんな誠実な市民とは小銭稼ぎ屋のくせに、自分をまともに認めようとせず、金満家への道を妨害してくる小市民でしかない。

また、犠牲者意識が別な結果をもたらす。他人の痛みに無神経になり、自己愛から自分のことにしか関心がなくなる。そうやって暴力を正当化し、罪悪感を払拭していく。社会の方があらゆる扉を閉ざしたのだから、報復は正しく、後悔や罪悪感が入り込む余地はみじんもないというわけだ。

被害者意識から生まれる憎しみがイスラム信仰によって神聖化されると、また一歩が踏み出されていく。イスラムとは、ある意味で祖先と常に一緒にいるという神話性の表現である。信仰に熱心でないムスリムにとってさえ、イスラムとはシンボルとして敬い、崇めるものである し、同じ国民とみなそうとしない社会から受ける屈辱を吹き払ってくれるものだ。そうなると、イスラムが根源的な指針となり、穢れを知らず、聖なるものの原動力となり、宗教性とともにフランス的でもイギリス的でもない、もっと一般化していえば、西欧文明によって穢されていない聖なるものとなる。その西欧文明とはいつの時代も反イスラムであったし、悪の源とみなされる。人としてもムスリムとしても、抑圧してきた社会に向かって憐れみの情はもはやない。過激イスラム主義が自分の良心を保ち、罪悪感を感ぜずにどんな行為でも正当化してくれ、最悪の暴力まで許してくれる。良心の呵責なしに人殺しができる。イスラム教徒には不正な悪が押しつけられているのだから、相手がキリスト教徒であれ、ユダヤ教徒であれ、またイスラム教徒であっても理念を共有しないのであれば、すべての人々に対する復讐が正当化されるはずだ。ザカリアス・ムサウイやモハメド・メラの実例が証明している。

その3　セクトの生き方

第三の選択に「内なる亡命」がある。これは自己証明としてイスラムへ帰依することが、社会からの隔絶につながる場合である。その時、セクト的な世界に閉じこもる代償としてイスラムが内なる平和をもたらしてくれよう。サラフィー主義者や、ごくまれにインド発祥のイスラム復興運動タブリーグ主義者になる場合もある。その上で消費社会を糾弾し、外部社会とつながる橋を切り落とし、腐敗した世界を離れて信仰の深化に邁進する。世俗世界には死にも無信仰にも治癒の術はなく、気まぐれな消費スタイルが昂進し、性的倒錯に溢れた人生が地上で幕を閉じていく。そこには神も悪魔も存在せず、天国も地獄もない。しかし、イスラムに帰依した場合、社会に向けた憎しみが内面化されて精神的優越へと昇華し、この物質的世界で歓楽におぼれ、堕落した生の虜となった者たちに向かい、精神のエリートとして対座するだろう。

新しい集団の中では、暴力が悪魔祓いの役目をはたすようになる。基準となるのは一般社会や法規範ではなく、閉鎖的グループとそれが命じる禁忌規則である。新しい交流、人間関係がそこに生まれる。グループ内の婚姻があるだろうし、信仰するアッラーの名において女も不平等な扱いを受け入れる。他宗教からの改宗者であれば、預言者のことばを競い合って覚え、アラビア語でコーランの一節を記憶し、積極的に引用したりするだろう。ひけらかしの意図からではなく、他のイスラム教徒が信仰の篤さを疑うかもしれないので必要なことだ。伝統墨守の神学者たちが幾世代にわたり記録してきた預言者ムハンマドの言行録ハディースを日常生活で実践してみせ、異国趣味の宗教遊戯ではないかと疑う目に対して自分の信仰の正統性を見せようとする。この信仰の競い合いでは、すべてが儀式化され、日常の細部にわたるまで聖典コーランとハディースに則った態度が当たり前となる。かつてあれほど不規則で不満だらけだった生活が一変する。毎日五回の礼拝が日常に一貫性とめりはりを与えてくれ、身辺の身繕いに至るまでイスラム規範に従う暮らしとなる。失業すれば職場で得られたはずの社会参加の充実感を奪われ、世界の外へ放り出されたような侘しさを感じただろうが、宗教規則が生活基準になっていくと、それに代わって安寧が与えられるだろう。

セクト集団に属すると、山のような規則と教示に囲まれる代わりに、日常が神聖化され、毎日の礼拝によって生活リズムが出来上がっていく。禁忌も多いが、それを破れば、社会でいう非合法にとどまらず、不信心の証しとなってしまう。人生は死後にまで延長される。もっとも心しておくのが、善行の報いとして約束される明日の幸福となる。

普通、選ばれた者の世界に属せば、暴力に走れないものだ。無信仰の世界があったとしても、通常はその世界をひっくり返そうとしたりせず、せいぜい預言者ムハンマドがメッカからメジナへ居を移したように、自分からイスラムの地へ移住を考えるくらいだろう。そこでは、社会的な認知を得られずに苦しんだフランスの生活と違い、信仰に従って生きられるはずだ。男は豊かな顎ひげを蓄え、丈の長い服ジェラバやクァミを着て、女は教え通りにヒジャブで髪を覆う。原理主義者と指差されずに堂々と祈りを捧げられるだろう。敬虔な暮らしの中ではヌード写真や自堕落なセックス、ましてや同性愛など禁忌であり、子どもからアルコール飲料やドラッグを取り上げるのも当然の話である。要するにイスラム原理主義の理想に則って、不信心な地にいたときよりはるかに信仰に励めるようになる。

タブリーグ運動であれサラフィー主義であれ、本来の原理主義者とは心身ともにイスラムのエリートであり、一般社会と隔絶して信仰に生きる人々のことだ。たまたまイスラム地域で暮らせず、心ならずも不信心な西欧社会で生きることになった人々であり、武器をとって戦いを挑むなど考えてもいない。

その4　神聖な暴力と「悪のヒーロー」として生きる

犠牲者意識にかられた若者が選ぶ四番目の選択肢とは、信仰の絶対要求としてフランスあるいは西洋全体に戦いを挑み、武器をとる道だ。その場合、信仰者が外部世界から身を守るために、信仰の鎧を固くしてイスラムのセクトに入信したからといって社会との断絶が完遂されるわけではない。西洋に挑む戦争を至上命令とする神聖化された暴力に心身をささげてこそ、社会との決裂が実現する。西欧社会は根本から腐敗しているので個々の救済はありえず、激しい暴力で対決してイスラム教徒を救済し、彼らの堕落を食い止めなければならない。西欧社会のムスリムは国民主権のもとで神と戒律を否定する世俗思想に毒されているからだ。その見方に立てば、民主主義の偶像崇拝社会とは、神を隔離し、悪意あるエリート層が操る盲目の大衆を神の座において成立している。そこで被害者意識にかられた者は、神聖化された暴力に解決策を見ようとする。単独でどんな戦略を立てたとしても、ジハードに邁進しない限り、彼らに抜け出せる道はどこにもないであろう。

それだけに若者は、暴力を慫慂する正統イスラムが救済を導く唯一無比の手段だと結論づける。ここで彼らは二つの貴重な方策を手にした。まずインターネットでジハードの正当性を証明する宗教イデオロギーの解説文書を読めるようになったこと。もう一つ、他の若者たちとの接触が可能になったことだ。モスクにも足を運ばない、非行集団の中で孤立している若者であれば、それこそ好都合である。彼らに向かって、イスラム教徒を苦しみから救い出し、世界を支配した十字軍の魔力から人類を解放するには、神聖な暴力が唯一の手段だと訴えるのである。

インターネットを使えば、若者が大物ジハード主義者たちの説教や教義に触れるのは簡単なことだ[5]。ネット上では十数人のアラブ過激思想家について数多くの〝プチ知識人〟が解説し、イスラム神学や法に不案内な信奉者たちの理解を助けている。こうした教えや情報がほぼすべて英語訳され、一部仏語訳もされてさまざまなジハード主義者の電子サイト上で読める。そうしたサイトは当局の監視を受けてさえいれば、主張理論も含めて違法とみなされない。

むろん、一部の移民系若者と改宗者が過激イデオロギーに傾倒していくには、それ以外の刺激も必要になる。そこで被害者意識をもつ若者が手を伸ばすのが、自分たちの未来が閉ざされ、かつイスラム教徒が抑圧されているのはイスラム世界と西欧との間に超え難い憎しみの深淵があるためだ、という考え方となるだろう。西欧社会の日常生活でムスリムは侮蔑され、信仰生活を放棄させられているからこそ、髪を覆うヒジャブやイスラム教則を否定され、世俗社会の侵入にさらされていると思い込むようになる。

家父長的な考えを取り入れた反帝国主義の言説や、反世俗主義の主張が新しい宗教過激主義の精髄を形づくっている。この世界観が貧窮の若者に受容されていくには、個々の救済が不可欠である。救済は「悪のヒーロー」の誕生で完結する。被害者意識の若者とは、境遇を抜け出すあらゆる道が閉ざされたと確信した者のことだ。そんな若者を突き動かすのは、ありきたりの成功物語ではない。社会との戦いに普遍的な新解釈が施されるならば、能動的に動き出す可能性がある。そんな若者は一般的な社会同化を目指してはいまい。むしろ、恐怖と不安の悪の源として認知されるのを心から歓迎するだろう。

つまり、こう考える。一般人は自分をいい意味で尊敬する必要はなく、むしろ災厄、脅威だと畏怖し、恐れおののかねばならない、と。彼は良き英雄になるなど考えたことがなく、自己実現の道が完全に閉ざされ、無の人生を刻印されたものと信じきっている。ジハード主義者としてある日、社会を驚愕させる事件を起せば、だれからも羨まれる国際的スターになれるかもしれない。狂信者と罵られ、憎しみの対象になろうと、無の人生から脱し、有名人になれる。彼は何者かになり、これまでのちっぽけな、とるに足りない男ではなくなる。実際、トゥールーズのテロ犯モハメド・メラは恐怖されることを誇りとしていた。

若者は自分自身が裁きの決定者となり、敵に向かってイスラムの刃を振るい、たとえ象徴的な行為にすぎなくても、暴力に訴えて西洋に傾いた力のバランスを是正しようとする。そうなれば、敵を地獄へ送る弾劾者と化し、多くの不信心者を道連れにすれば、殉教者となって天国へいけるだろう。どんな場合であっても優位に立て、勝者になれる。なぜなら、もはや死が何物でもなくなるからだ。むしろ、死を歓迎しさえする。臆病で腰抜けの敵どもは、何にもまして彼を恐れるだろう。烏合の底辺から上層へ上昇し、かつて自分に侮蔑の目線を向けていた者たちに恐怖を与えることで、自尊心を取り戻せるだろう。邪悪のヒーローは、置かれた負の状況そのものから他者に勝る根拠を引き出していく。

自分がまき散らす恐怖と、蛮行を糾弾する報道メディアの視点こそが彼の愉悦の源となる。痛罵されればされるほど栄光を感じる。他人の命を蕩尽して最後には自分の命も神聖な大義に奉納してしまう。死をもって、生きる意味を奪い去った社会に復讐する。社会を悪魔と罵り、また社会の側も彼を悪魔だと恐れる。両者に対話は成立しようがない。双方の対決には、究極の暴力によって両方の命が奪われるしか終結への出口はない。

中流層と多文化圏を背景とする過激化現象

被害者意識にかられたイスラム系の若者の多くが貧困層の出だが、それがアイデンティティーの不安にかられる中流層にも広がる気配がある。何の変哲もない人生と規範の崩れたアノミー状態の社会風潮に悩み、共同体の一員という実感もない。社会とのつながりを断たれ、意味を失った人生を重荷として生きていく。そんな若者たちが現代の帝国主義やシオニズム、西欧の抑圧下で苦しむイスラム教徒の代弁者になろうとする。余裕のある中流の出自だけに、イスラム教やムスリムに向けられた汚名や偏見に我慢ならない。彼らは能力を証明しなくてもいい環境で生きている。すでに社会の上層に属しているからである。イスラムの擁護者を宣言するからといって下流の若者のように非人道的な惨劇を起こし、下から上への象徴的な逆転劇を演じる必要もない。

なぜ中産階層からジハード主義を信奉する者が出てくるのかといえば、現実社会に根ざす確かなアイデンティティーを持てずにいるためだ。社会規範の崩れたアノミー状態が自分の内部にまで及ぶ不安にかられた結果でもある。しかるべき学業の修了資格をもち、国際的な学術機関メンバーである者までがイスラム救済のためにジハード闘争に身を投じるのは、日常生活で現実感覚を持てないことと無関係ではない。現実感覚を喪失し、バーチャルな仮想現実が勝る世界に浸るようになったりすると、ジハード主義者の電子サイトを通じ、悪のヒーローに惹かれていく。サイトのメッセージ受信者となって交信相手を増やし、匿名を含めて多くの発信者をつなぐ仲介役までするようになる。フィクションと現実がないまぜとなったジハードを夢想するうち、無辜の人々や自分の運命に決定的となる不吉な行動へと乗り出していくかも知れない[6]。

こんな最後の審判の黙示録から現れたようなドンキホーテ風の人物は、優柔不断な面も合わせもつのだが、匿名や現実の交信者たちと一緒になって危険なバーチャル・ゲームに参加し始めると変わりえる。そのうち、心に秘めた野心を満たしてくれるグループと遭遇し、武器や爆薬の扱いを教わると、事態が一変してくる。満ち足りた生活を離れて戦士集団へと誘われ、理不尽な社会に対する憎しみを吹き込まれていく。自分が国籍を持った国(フランス)が過去の帝国主義、植民地主義下で行ったことや、今日、アフガニスタン、イラク、マリなどで行っている侵略主義が与える深い傷を想起させられる。

一方、西欧の中流出身のジハード主義者にみられる複雑で屈折した特徴が、イスラム社会で出現することはない。そこでは腐敗した専制体制のエリート層から排除された者たちの怒りが、観念にとどまらず、現実の日常に深く根ざしたルサンチマンに転換している。過激化への衝動が妄想で終わるのではなく、報われない現実世界で囚われ人となった者の報復行動として表現される。

邪悪のヒーローは複数の文化圏を背景に持つことが多い。それを多文化主義者ともいえようが、実際にはイスラム教が定めたもの以外の文化をすべて否定している。アッラーの教えだけに帰伏し、それと異なる文化を否定する特異な普遍主義の中で生きている。恰好の例としてロンドン南東部ウールリッチに住む二人のナイジェリア出身の黒人イスラム改宗徒をあげよう。

一三年五月二十九日、マイケル・アデボラージョ（29）と共犯者マイケル・アデボウェール（22）は、イギリスで殺害計画を立てた。主犯アデボラージョが事前に綴った遺書で子どもたちに向けて、「愛する子たちよ、アッラーの敵と戦うのはイスラム教徒の責務なのだ」と書き残した。二人が選んだ標的はフランスのテロ犯メラと同様、軍兵士であった。イスラムと戦う最前線に立つのが英軍兵士だからである。ウールリッチ英軍基地を出てきた平服の男に目星をつけた。背中に軍用サックを背負っていたので兵士と知れた。後をつけて車ごと体当たりし、倒れたところをナイフで襲った。首を切断しようとしたが果たせず、錆ついた刃物を振り回して雄叫びを上げ、到着する警察部隊を待ちうけた。警察に射殺されて殉教者になろうとしたのだ。しかし、傷を負っただけで二人とも逮捕されて終わった。

二人がイスラムに改宗したのは事件より一三年前に遡る。それまで主犯の男はキリスト教会ミサに熱心に通い、宗教団体『エホバの証人』に傾倒していたようだ。イスラムに改宗すると、その後禁止団体となった過激派アル・ムハジルーンに属した。当時、ロンドニスタンの呼称さえあり、多くのジハード主義者が拠点としたロンドンで、過激イデオロギーの扇動者オマル・バクリに帰伏するようになった。イラク戦争が起きた際、英軍派遣の決定に衝撃を受けた。イスラム教徒が殺されていくというのに、西洋によるイラク介入をあおるマスコミ報道に我慢ならなかった。〇六年から〇九年までの間、ロンドンでイラク戦争反対運動に加わっていた。

一二年にはソマリアのイスラム教徒軍アル・シャバブに志願するため現地へ向かったものの、途中のケニアで逮捕され、イギリスへ送還されている。英国内保安機関MI5が、治安警察部隊に激しく抗議するアデボラージョをイスラム主義者と特定し、〇六年から監視を続けていた。ソマリアへ向けて出国した時点で三千のテロリスト・リストに加えている。仏内務省の諜報機関、総合情報局（RG）がモハメド・メラを事件前から過激イスラム主義者と特定したのと似ているが、メラの場合、監視せずに放任していたという違いがある。軍人襲撃という英仏二つのテロ事件には、いずれも犯人が精神的な脆さを抱えた共通点があるとともに、いずれもジハード主義者の新世代に繰り返し表れるいくつか典型的な特徴を備えていた。

共犯者アデボウェールも複雑な経歴をもつ男だった。十四歳でギャングに加わってドラッグ密売人になり、喧嘩で拘禁八月の刑を受けた。ジハード主義者の新世代に数多くみられる精神的に重大な欠陥を抱えていた。イスラムに改宗したのは刑期を終えた後のことだ。[7]
二人は西欧の異文化を触媒として変容した例であり、反社会性という志向を共有した。主犯格の男は「アルカーイダはジハード戦士だ。尊敬する我が兄弟であり、彼らに会ったことはないが、イスラム同胞として敬愛する。戦士ムジャヒディンとはアッラーに仕える軍隊なのだ」と胸を張って宣言した。[8]
主犯アデボラージョは長く西欧で暮らし、そこでイスラムへ改宗した男である。自らを邪悪のヒーローと見立てて己を形成し、かつ過激組織と一体化できるようになるのは、文化人類学者ジョルジュ・ドゥヴルー*4が定義した異文化接触による敵対的な文化変容が起きたからこそである。
ここで殺人のもつ象徴性は意味深い。英軍兵士を殺した後、主犯アデボラージョは手を被害者の血で染めながら、カメラの前で刃物を振り回し、ムスリムに挑戦を企てるイギリス国民に向かって、「心しておけ」と警告した。一連の行為にはイスラムの儀式的な物まねを見出せた。つまり、師と仰ぐオマル・バクリが教説で勧めていた被害者の首を切り落とす行為に出ようと

＊4 **ジョルジュ・ドゥヴルー**　ハンガリー出身ユダヤ系フランス人精神分析、人類学者（一九〇八―八五）。アメリカ先住民族を研究テーマとし、民族精神病理学の創設者とされる。

したのである。

その行為の象徴性には二つの意味があった。まず殺害事件の光景がオンラインのアルカーイダ機関誌『インスパイア』などに掲載され、処刑シーンや異教徒の首を落とす残酷な映像ビデオとして世界中で公開された。地元ロンドン南東部ではラップ音楽ビデオになって登場した。[9]その殺害行為が国内の「ホーム・グロウン」テロと国際的な過激ジハード主義との接点を果たすことになった。特定の文化範疇を超えて普遍的なジハード教義に殉じたとしながら、悪のヒーローのとった行為とは、現代の雑多なサブカルチャーの創出でしかなかった。

腰に巻いた爆弾で自爆すれば、「人間爆弾」と呼ばれるこうした悪の英雄たちを、西洋社会では情も倫理観もない狂信者、ある種のモンスターとみなしている。文化変容によって社会の敵対者となった悪のヒーローにすれば、怪物のごとき醜悪さこそ売り物となる。不信心な社会が自分たちを嫌悪すればするほど、想像で築き上げたイスラム社会で英雄になったと信じ込む。想像のイスラム社会のためなら喜んで殉教者となろうとする。人を憎悪することが自分を高位に高める要件となる。むろん、悪のヒーローとは自分の目線で勝手に描いた英雄でしかない。攻撃される社会からみれば、おぞましい非人間的な怪物である。意識的なその行為はヒロイズムどころか、無分別と狂信から出た蛮行に過ぎない。

原注

（1）仏情報機関がしばしばサラフィー主義者のイスラム原理主義を信奉した者をこう呼ぶ。彼らは世俗社会を拒絶するが、暴力行動はとらない。

（2）「モハメド・メラと公安当局の交渉者による会話テキストの特報内容」（仏『リベラシオン』紙、二〇一二年七月十七日付）http://www.liberation.fr/societe/2012/07/17/transcription-des-conversations-entre-mohamed-merah-et-les-negociateurs_833784　及び「仏テレビＭ６で放映された本と調査報道。そこでメラの兄弟が証言した」（米ネット新聞『ハフィントン・ポスト』紙、二〇一二年十一月十日付）http://www.huffingtonpost.fr/2012/11/09/mohamed-abdelghani-abdelkader-souad-merah-frere-terroriste-enquete-exclusive_n_2098875.html

（3）「新事実の暴露　メラは単独犯ではなかった」（La Depeche.fr 二〇一二年八月二十三日）。http://www.ladepeche.fr/article/2012/08/23/1424173-nouvelles-revelations-merah-n-etait-pas-un-loup-solitaire.html

（4）少女たちは一般的に別な生き方をする。むろん、彼女たちも自由を求め、男子の青少年をモデルにしたがるが、それは経済的に家族から自立し、中流の暮らしに近づきたい一心からだ。しかし、多くの事例で監督の目が厳しく、規律から逸脱するのを許されない。結果的に勉学面でも男子兄弟たちより真面目なので、就職面でも恵まれる場合が多い。

（5）アラブの過激イデオロギー思想家のリストや考え方についてはコスロカヴァール著書（二〇〇九、二〇一〇年）参照。

（6）仏・アルジェリア二重国籍の物理学者アドレーヌ・イシェールの例を参照。彼の事例がこのモデルにもっとも近い。「イシェールは過激イスラムに迷い込んでしまった」（仏『エクスプレス』誌、二〇一二年三月三十一日号)。http://www.lexpress.fr/actualite/societe/justice/hicheur-s-est-fourvoye-dans-l-islam-radical_1099876.html　物理学者が過激派と交信して拘束された事例で、筆者が二〇一二年に刑務所で本人とインタビューした際、彼のもつ非現実性が強く印象に残っている。

(7)エリック・アルベール記者「ロンドンで斬首された兵士。二人の男が犯行を認める」(『ル・モンド』紙電子版、二〇一三年十二月十九日)。

(8)「英軍兵士リグビーの殺害犯がアルカーイダを称賛する」(右同九日)。

(9)「なぜウールウィッチ地区が問題なのか」(Jonathan Githens-Mazer, RUSI Analysis 二〇一三年五月三十一日)。www.rusi.org/analysis/commentary/ref:C51A8860A58067/#.Ua0Xyut8OUc

第6章　ジハード主義とサラフィー主義

前世代から新世代へ

一〇年ほど前から欧州の過激化の形態に目に見えた変化がうかがえる。彼らの振る舞いや行動が変わったのである。古典的形態を簡単に二十世紀末のタイプとすれば、二十一世紀初頭の過激派とはより複雑な行動をとり、ここ数年の間に出現してきたものと分類できよう。古典的タイプは過激化のプロセスで宗教原理主義者の行動、風体に近づいていく。もちろん、原理主義者が即、ジハード主義者と直接つながるわけではない。この類似性はしかし、ジハード主義者の強みにも弱点ともなっている。彼らが原理主義者と共有する特徴は次のようなものだ。

――顎ひげをたくわえる。それは、超保守的な厳しいイスラム解釈に従おうとしない者から自分たちを区別するシンボルとなる。こうした原理主義の信徒たちは、初期イスラムの時代（サラフ）を生きた預言者の弟子たちになぞらえ、サラフィー主義者と呼ばれる。つまり、ジハード主義者とは、サラフィー主義者の中から出てきたジハード主義者のことを意味している。

――過激化したか、その途上にある導師の教えを拒否する一般ムスリムや非イスラム教徒に対し、攻撃的な態度をとる。

――イスラム導師が穏健であれば異議を述べ立てる。つまり、急進的なイスラム解釈をとらない導師を認めようとしない。

――サラフィー主義者と同じ服装をする。預言者と同じ服装と信じているからである。ジャラマやカミという服を着て、預言者が常用したとされるミスワークという木製歯ブラシを使う。こうした行動は関心を惹くためではあったが、信心を失ったムスリムに篤い信仰心を取り戻させ、非イスラム教徒の改宗をうながす狙いもある。

――非イスラムから改宗して過激化した者の中にはウルトラ保守主義に転じ、自分たちのイスラム解釈に従わない者を徹底して否定する者がある。改宗者に見られがちな特異な点は、同じ保守的な信仰を共有する者の疑念を払拭するため、ことさら信仰にかけた情熱を披瀝する点にあった。多くが当初、非イスラム教徒のフランス人であったために、「白人」「植民地主義者」という過去を拭い去り、新しい同胞同志の友愛をかちとる必要があった。

——勧誘活動に熱心になる。北インドに生まれたイスラムのタブリーグ運動が同じムスリムに向かって復興運動を展開するのと違い、宗教と無縁な者やキリスト教徒さえ勧誘しようとする。

——五、六人ないしそれ以上のグループを結成し、世俗の人々の常識に反した形であからさまな勧誘運動に邁進する。結果として社会に不協和音を生み、挑発的な空気をもたらした。

——とくに断食月ラマダンに宗教活動を活発にする。厳格に断食を守らない者を糾弾し、あるいは毎日五回の礼拝を強要する。家庭でも家族を厳しいイスラムの儀式慣習に従わせようとする。

——宗教的知識を熱心に引用する。たとえばイスラム化以前の宗教史上の不信心者（カーフィル）や宗教に無自覚な者が跋扈する時代（ジャヒーリヤ）の例を引き、ジハードを奨励し、禁忌の偶像崇拝が代表する正統性なきイスラム政権への戦いを正当化しようとする。

こうした行動形態こそ学問上、穏健サラフィー主義者と定義されるイスラム原理主義者のものであり、二十一世紀初頭までは過激ジハード主義者にも共通した。

ここで、大部分の原理主義者がジハード主義者ではない点を理解しておかねばならないにせよ、九・一一米同時テロ前後の数年、ジハード主義者と原理主義者は外見上、ほとんど見分けがつかなかった。そのため、警察当局は姿恰好の類似性から単純に危険分子と断定していた。〇五年、パリ一九区で仏当局が摘発した過激な原理主義集団がそんな事例にあたる。グループは当初、導師ファリド・ベニエトゥを中心に、米軍が侵攻したイラクへ送り込む志願兵を募っていた。この集団が最初に当局の関心を引いたのは、ムスリム女子児童、中高生に公立学校でスカーフ着用を禁じた法律導入に対し、目立った抗議活動をしていたことによる。その行動はイスラムの超保守的な解釈グループであると自ら宣言したに等しく、フランス国外ならば、ジハードの名において武力を用いてでもウルトラ保守主義を強要すると言ったに等しかった。このように、宗教的原理主義をイスラムの過激な解釈に結びつけた行動は、数年前まで過激化現象の典型といえたのだが、アルカーイダ幹部のアブ・ムサブ・アルスリのような有力なジハード扇動者はそうした関係性を否定し、むしろ宗教宗旨を隠してジハードは敢行されるべきだと主張するようになっている。

ジハード主義と原理主義の結合は、一九九〇年代のサラフィー主義において成就した。セクト集団を結成しつつも、サラフィー主義の主流派は、ジハード完遂のためだとしても暴力を容認できないとしたのに対し、過激分派が反旗を翻した。伝統的なサラフィー主義は導師的、あるいは学術的とさえ呼ばれ、本来は政治闘争や武力によるジハードではなく、社会習俗や慣習を通じて徐々に広めていくダワワ(イスラム復興運動)の考え方に立つ。一方、過激サラフィー主義すなわちジハード主義者たちは、預言者の言行を源とするイスラム法シャリーアの実現を軍事力で希求する。それが実現すれば、不信心者に占領されたパレスチナやアフガニスタン、米英軍が侵攻したイラク、仏軍進駐のマリなどのイスラムの地を奪還し、あるいはイスラムの大義を世界中に広める上で役立つはずだと考える。

二十一世紀に入って最初の数年間、サラフィー主義を掲げた過激ジハード主義者は、欧州でイスラムが少数派宗教でしかないにせよ、宗教的熱情をもって原理主義の主張を打ち出し、人を呼び込むべきだと主張した。非イスラム化した者や、目覚めたボーン・アゲイン(再生)の者、あるいはイスラムへ改宗中の若者を狙って勧誘を活発化させた。

そのうち、顎鬚を伸ばし放題にした過激化の途上にある若者が、アッラーの宗教への帰依を誇りつつ、信仰を再発見した新参イスラム教徒の教育を買って出た。そんな若者は、宗教が儀式化してしまい、イスラムからイデオロギーが抜け落ちてしまった親たち世代と明らかに違った。イスラムのイデオロギー化は矜持の復権と重なっていた。そこには自分が従来のイスラム教徒より上位にあり、アッラーの宗教を理解しない世俗の者たちを見下す優越感があった。そんな高慢で誇らしげな態度は、新しい形の過激な宗教性の顕れであって、親や祖父母の懐古趣味とも、世俗価値に満ちたフランス社会とも一線を引くのを求めるものだった。

このタイプが九・一一同時テロ事件後、根本から変質した。イスラム過激主義の信奉者たちは、治安諜報機関による監視強化を否応なく念頭におかざるをえなくなったのである。

内向するジハード主義者たち

過激イスラム主義者の多様性が数年前から拡張している。いまや内向性を強めた過激派が出現し、イスラム原理主義を声高に主張する従来の外向タイプと違う類例となっている。外向性のイスラム主義者が勧誘しようとするのは、地味な行動を不満に思い、原理主義者ネットワークから離脱して好戦的集団を結成したがっている過激活動家たちである。実際、イスラム過激主義に引き寄せられるのはあからさまな宗教性を誇示したがる一部の原理主義者であって、その多くが実際には一線を越えようとしない。

逆に本当に過激化する者は内向性を強めるタイプであり、警察や情報機関の監視を逃れるために信仰を隠そうとする。そのために顎鬚を落としたりするのだが、イスラム主義の信条を放棄したのではなく、あくまで自分を目立たなくする行為だ。一般社会の人々と何も変わらず、信仰をプライベートなものと考える人として生きること。本物の過激イスラム主義者は工夫を尽している。

もう一つ、過激化は大集団ではなく小グループ化の傾向を強めている。ロンドンで英軍兵士が襲われた〇五年七月の事件以降、欧州各地で三、四人以上の集団によるテロ計画が次々と摘発された。各国情報機関が携帯電話やインターネットの交信を傍受している成果といわれる。ところが、単独か少人数のテロ計画となると、過激イスラム主義者のものであれ別の犯行動機であれ、事件を阻止できなかった。フランスのモハメド・メラやノルウェーの極右テロ犯アンネシュ・ブレイビクなどがその例である。小集団にいてインターネットを通じ、孤独に過激化していった単独犯の場合にテロの成功率が高い。大人数になると、警察治安当局に察知されやすくなるのに対し、孤独な単独犯は一人きりで行動する。

思想的な影響を与えるのは原理主義者ネットワークやその集団である。〇五年以前だと、大人数の組織テロが普通だった。たとえば、九・一一同時テロに直接関与したのは一九人に上る。いまでは単独か少数集団の犯行が成功しやすいと判明した。その上でイスラム理想社会ウンマの実現とか国民の名を用いて、あるいは白色人種の優位を主張してテロが実行されている。

また、新手のテロリストには精神疾患あるいは心理的脆弱性を抱えた者がいるという、もう一つの特徴がある。以前は組織論からも、心理的弱点を抱えた者を歓迎するわけがなかった。ザカリアス・ムサウイが九・一一テロ実行犯からはじかれたのも同じ理由からだ。しかし、今後は単独犯か二、三人の少数グループのテロにおいて、精神的に不安定な実行犯が少なくなくなる。メラやブレイビク、英兵士を殺害した元ナイジェリア国籍の二人もそうだ。一三年十一月中旬、パリでBFM－TVテレビ局や『リベラシオン』紙記者たちに発砲したアブデルハキム・デカールも精神錯乱者でこそなかったが、単独襲撃犯の一例である。従来型の過激集団とは違う新しい過激活動家の特徴を次のように要約できよう。


――原理主義者がふさふさとした顎ひげを生やすのに対し、一切ないか、あっても短く慎ましい顎ひげを特徴とする。

――大がかりな組織網をつくらない。警察当局の目を引くからだ。

――モスクの穏健な導師を信頼に値しないとみなし、接触しない。

――人間関係では内向的な男で通す。イスラム勧誘運動とも無縁、限られた小集団内でさえ自分が何者かをだれにも明かさない。目立つ振る舞いで正統なイスラム教徒らしさを誇示したりせず、小集団内部に紛れ込んで警察の監視をくぐるようにする。

――「人間力の強い者」とでも呼ぶべき過激化を推進する男と、影響を受けやすい脆弱な者との間に、通常のモスクの導師と信徒とは違った新しい関係性が築かれる。

――断食月に宗教性をうかがわせる兆候を一切見せない。とくに改宗者が宗旨替えを周囲に気づかれないようにするため、その傾向が著しい。

――限られた二、三人だけで同志の契りを結ぶ。単独犯以外にもっとも多いタイプの過激グループである。


この新たな過激化の類型は摘発が難しい反面、テロ被害をある程度抑えられるのが通例だ。ノルウェーの大量殺戮犯ブレイビクのような例外はあるが、多くの事件で被害者は数人程度ですんでいる。

単独の過激分子

一人きりで過激化の道をたどる者には二つのタイプがある。戦闘的信条を持つ宗教集団に感化された者か、もしくはインターネットを通じ、過激イデオローグの言説を読み、あるいはジハード主義を吹き込む導師らとの接触で過激化した事例だ。その導師たちは犯行計画や、実際のテロに関与したりはしない。彼らの過激化の進行度を具体的に検証できないとはいえ、ふつうは徐々に進行していくものだ。疑念を抱かせる出来事もあるだろうが、大方は己の世界に閉じこもり、過激な電子サイトを通じてイデオロギーを磨きあげていく。その間、行動を共にする同志を求めたりしない。

これまでのテロ事件で「孤独な狼」と呼ばれた単独実行犯の場合でも、事件そのものには直接関与していないものの、背後にいる組織や宗教集団が影響を与えたのは間違いない。一二年にフランスで警官を襲ったモハメド・メラや、一三年、パリで治安警戒中の仏軍兵士を襲撃した改宗者の男などが、この孤独に過激化したテロ犯の定義にぴったりだろう。

予備軍から筋金入りへ

西欧全体の過激活動家モデルは二十世紀末から変化を続けてきた。九・一一同時テロ事件では犯行グループがサウジアラビアやエジプトなど中東出身者だったのに対し、世紀が明けると新しいタイプの登場を見た。自国民が地元でテロを起す事例が急増した。仲間の手助けを得たか、もしくはインターネットなどを通じて過激化した例が増え、イスラム世界にいる過激集団との接触頻度は、むしろ低下している。

そして、シリア内戦とともに新しい形態の過激化現象が出現した。トルコ経由でシリアへ向かう欧州の若者のほとんどが、渡航の時点では厳密な意味で過激化していたわけではない。旅の動機づけでは三つの要因が作用した。まず、シリアの血塗られたアサド政権の虐殺行為からムスリム同胞兄弟を救出したいと願うヒューマニズム精神の発露である。次に、堕落したイスラムであるシーア派とその一派が正統派イスラム教徒のスンニ派を弾圧しているのだから、シーア派政権と戦おうと呼びかける過激な原理主義がある。最後に、危険を孕むが、環境の一変を求めた冒険物語の側面である。

彼らのジハード主義への関与とは、アイデンティティーを失った絶望感に満ちた悲劇である一方で、他者あるいは自分の死という未知の世界を前に陶酔する滑稽な不条理を抱えたものだ。後者の典型を、内戦のシリアで市街地に開業したサイバーカフェで恰好をつけて構える若者に見る。携帯を片手にもう一方の手には銃を持ち、カメラの前でポーズをとって写真に収まる。シリアの前線現場にいる事実を隠そうともしなければ、実戦兵士に必要な規律の基本すらない。アッラーの戦士を気取りながら、そんな緩みがグループ全員の安全を脅かすという意識はゼロだ。この無責任さは何なのか。冒険譚の興奮や、体内アドレナリンの噴出を誇示するだけで、生を賭して信条に生きる鉄の兵士の規律とは無縁な姿でしかない。

自らの自己確信への疑念は日常生活と断絶した時、噴き出してくる。日々の生活に魅力を感じない若いフランス人が増えており、その多くが平凡な中流の若者である。そんな彼らの中から、保証された生活を断ち切り、神への篤い信仰心を証明したいと願う者が出てくる。飛躍を遂げて、神の加護がもたらす生き生きとしたアイデンティティーを獲得したいという思いにかられる。自らを見失った魂は、神と繋がることで自分自身を取り戻せる。自分の存在に意味を見出したとたん、イスラムの敵と闘い、己の物質主義を糾弾して、味わったことのない幸福感にたどり着けるのだという。

しかも、社会への憎悪をたぎらせた郊外地区の若者とともに、これまでなかった類型のムスリムが出現しつつある。これらのムスリムは社会と対立関係にはなく、フランス社会との断絶も望んでいないが、敵と戦うことに宗教的な意義を求めている。若者が内戦のシリアへ旅立つのはアッラーに救いを求め、生まれ変わった自分のアイデンティティーを確かなものにするためである。そこにヒロイズムが生まれる。死の恐怖を超克し、自分のすべてを賭けた戦場の行動に崇高さを見る。新鮮で誠実な行動の先に希望がある、と信じてやまない。戦場での死が殉教へと昇華し、この世からの旅立ちが、かの地での至福につながるだろう、と。

神をすべての物差しとする自己回復の冒険に今日、女たちの進出が著しい。まだまだ少数派とはいえ、確実に増えている。もしかすると女たちは家母長制の社会を思い描いているのかも知れないと思うほどだ。一見、男たちに服従してはいても、色褪せた現代社会のフェミニズムを見捨て、冒険に飛び込んで男たちを凌駕するつもりなのだろうか。

一定の男女同権を実現したフェミニズム運動ではあったが、もはや彼女たちを惹きつける魅力はない。西欧社会の男が去勢コンプレックスから過激化しているとすれば、女は男女平等コンプレックスから行動力を刺激されているかのようだ。下位に置かれた女の立場を敢えて引き受けつつ、魔術師のように新しい人生を生み出せると考えているかも知れない。

シリア最前線への彼女たちの旅立ちは、過激化現象に伴う矛盾を顕わにする。つまり、神聖な新世界を築くために、現実世界での男女平等の夢をとりあえず放棄するという矛盾である。その代わり、ジハード主義者の彼女たちは死という局面において男女平等を実現してみせようとする。男たちと同様に殉教者として死ねるのであれば、実生活でも新しいイスラム世界でも、男女平等が現実となるはずだ、と考えていよう。

こうした若者がシリアへ行く前からインターネットで[1]、あるいはシリア行きを勧めるカリスマ性ある導師の導きで理論武装していたとしても、厳密にはジハード主義者になったというわけではない[2]。本当にジハード主義者になっていたのであれば、一九九五年にパリのサン・ミシェル駅爆弾テロで死傷一五〇人を出した犯人ハリド・ケルカルのように、フランス国内や欧州でテロ事件を起こしたであろう。彼らがとる行動は三六年から三九年のスペイン内戦に外国から志願し、反フランコ軍と戦った革命志向の青年たちや共和国主義者たちに例えられるかも知れない。あるいは七〇年代、パレスチナ極左勢力と連帯した左翼運動家たちにも似る。また、七二年にイスラエル・ロッド空港で約一〇〇人を死傷させた日本赤軍の若者に通じるかも知れない。

もちろん若者がシリアへ向かうのは、自己確信を持てず、内面に欠落の感情を抱えたせいだと決めつけてはいけない。そこには革命的ロマンチズムもある。左翼急進運動がエネルギーを失い、革命イデオロギーの時代が幕を閉じた。それに代わって過激イスラム主義が反帝国主義、アンチ男尊主義、反民主主義の旗幟を担うようになった。まず、西欧帝国主義の残滓として未だに残る植民地主義や白人社会の傲慢さを糾弾する若者が、イスラム主義に新しい行動原理を発見した。次いで欧州社会の単調な生活に希望を見出せない者が、アイデンティティーの不確かさに気づかされた。戦線への旅立ちは、理想の兵士像に幸福を見つけようとする未知への飛翔ととらえられる。「イスラム国」（ＩＳ）に志願したイギリス人青年の表現を引用するならば、イラクや中東レバント地域のジハード従軍が約束してくれるのが、現代社会の若者を蝕む抑鬱状態の治癒なのだという。[3]

シリア戦線志願に熱を上げる若者の複雑な胸の内を理解するには、革命的ロマンチズムと自己確信のない不安という両面から把握する必要がある。[4] 戦線に志願したがる若者を初期的ジハード主義者と分類できようが、その時点では筋金入りの暴力的信条をもつわけではない。筋金入りとなれば、宗教的な過激主義の教説に則り、罪なき人々を即座に殺害するのを躊躇しないだろう。

若者のこうした行動が三〇年代スペイン内戦や七〇年代左翼運動に例えられる理由の一つは、当時と同様に志願者に少年少女の未成年者を見とめるからだ。現代は三〇年代の志願兵と違い、洗脳された若者[5]がトルコ経由でシリア入りするのは実にたやすい。思い立てば、航空券を買い、両親からちょっとお金をくすね、友人に借金すれば出発できる。未成年の若者にあるのは革命理想ではなく、ポスト思春期の不安やアイデンティティーの危機であろう。想像上の「世界」の方が、だれが友人でだれが敵だかわからない現実社会や、崇高な教えとも無縁で人々と幸福を分かちあう喜びもない世界より、はるかに好ましく思えるのだ。

しかし、シリアでは初期的ジハード主義者が過激派ヌスラ戦線やＩＳと接触したとたん、本格的な過激主義者に変貌していく。彼らの血生臭く残虐な行為はアルカーイダの比ではない。数週間の洗脳教育と激戦地での軍事訓練を経て、戦闘方法を学び、爆弾製造法を身につけ、とりわけジハードの大義のために命を捧げる覚悟を学ぶ。当初は人道的な同情心やアサド政権に弾圧されたスンニ派の兄弟救済の意思から飛び込んだはずのシリア戦線で、桁外れの過激主義の洗礼に晒され、変貌する。筋金入りのジハード主義者に生まれ変わる。

その若者たちが欧州へ帰還すれば、極端な危険分子となってしまう。実際、彼らを激越な過激化の例と定義できよう。シリアで戦争体験を積んだ上に、過激で非人間的な宗教的妄想によって正当化した残虐性を身につけ、しかも精神錯乱の兆候さえうかがえる帰還者が多い。フランス国内でインターネットを通じた学修でジハード主義者となった者に比べ、他人の痛みに対し、はるかに無神経になれる。

かつて多数のジハード主義者が欧州やアラブ諸国からアフガニスタンに赴き、ソ連占領軍と闘ってきた。そんな外国出身のアフガン帰還兵よりも激越に過激化したシリア戦線元兵士の鍛錬度は、はるかに高い。その数は欧州と北アフリカのマグレブ地域からそれぞれ約二〇〇〇人と推定されており、彼らはシリアの血塗られたアサド体制に対し、何の手出しもしなかった西欧人を恨み呪っている。苛烈な戦闘体験や爆弾製造の技術、敵意に満ちたイデオロギーで理論武装したその存在は、深刻な脅威である。欧州はこれから一〇年、その脅威と対決を迫られよう。そこに極右勢力が加わって、欧州の人間中心主義と開かれた政治制度がこの脅威を拡大させる元凶だと糾弾する。これが欧州の現実である。

過激派のかたち

過激派には国外へ向かうか、国内で活動するか、二つのタイプがある。前者が宗教とイデオロギーを根拠としてジハードに参戦し、外国へ向かうジハード主義者である。シリアで過激イスラム主義集団に加わり、アサド政権と戦うフランス人たちがそうだ。ファリド・ベニエトゥという当時二十四歳の扇動家がいた。二〇〇四—〇五年、パリ市内一九区を拠点に北アフリカ出身者など十数人を洗脳し、米軍と戦うためにイラク戦争参戦を企てた。結果的に数人が自害したり、米軍に拘束されたり、逃亡して終わった。

逆に自分が住む国でジハードを企てる者がいる。つまり闘争目標を国内に置く。前述したモハメド・メラやボストン・マラソン爆弾テロ犯の兄弟、英軍兵士を襲撃した元ナイジェリア国籍の二人などを引用できよう。

もう一つ重要な区別がある。国内の争点に絞ってテロを仕掛けるのか、国を超越した普遍的な問題を標的とするかの違いだ。前者には国内に明確な標的がある。占領軍に挑み、場合によっては国軍にテロを仕掛けたりする。たとえば、カシミール地方に進駐したインド軍は地元の愛国者にとって占領軍だし、パレスチナ占領中のイスラエル軍、コーカサス地方を占領し、チェチェンに進攻したロシア軍も典型的な占領軍である。彼らの究極の目的が占領軍からの国土解放にある。この場合、彼らを〝絶対的〟な過激派とはいえまい。世界に広がった敵、顔の見えない相手と戦うわけではなく、輪郭が明確な敵を相手とするからである。イスラム主義者のハマスにとって敵はイスラエルであり、人類全部が敵ではありえない。

国境に関係ない過激派タイプのイスラム・ジハード主義者は、あらゆる形態の敵を想定する。アメリカであったり、それに支援されたアラブ諸国政府であったり、西洋とその不埒な諸制度、同じイスラムのシーア派、シオニストを含むさまざまな十字軍であったりする。もちろん、一神教でない宗教や信仰の自由を容認しない者もすべてが敵となる。一言でいえば、世界すべてが敵になりえるのだ。この世界観だと殺戮に限界がない。男女の違いや、信者と無信仰者を区別する点で革命の厳密な定義からもはずれるが、彼らの過激化とは終わりのない《永久革命》と同義であり、殉教者がもっとも称賛される。過激ジハード主義者とは、妥協を知らず、消えない憎悪の火を燃やし続ける者たちとなるだろう。

イスラムとジハードを同時に呼号し、かつナショナリストである者は、アルカーイダのような国際的イスラム主義者とは協同すべきではないと考える。協力があるとすれば、自力では国内の標的打倒がかなわない時だ。レバノンのパレスチナ人は祖父母の地から引き離され、狭い難民キャンプに閉じ込められたために、国際的なジハード主義へと転じた。カシミール地方でインド占領を糾弾する愛国者のイスラム過激派「ラシュカレ・タイバ」が、国際的ジハード主義と密接な関係を持つに至ったのも偶然の出来事からだった。それはアフガニスタンで一九八一年、共産党政権に抵抗する小さなジハード主義集団として組織され、その後、タリバンと近い関係を保った。九〇年代、カシミール地方に拠点を移すと、その地をインドからイスラム国家パキスタンへ取り戻す活動に突き進んだ。それがきっかけでアルカーイダの支援を得るようになった。そうなると、本当の正体を疑われることになる。ちょうど、パキスタン政府とその優秀な諜報機関がジハード主義者のテロとの闘いではアメリカの同盟国とされるのに、一方ではアルカーイダともつながりを持つのはなぜだ、と米情報機関から二枚舌だと非難されるのに似ている。

パレスチナ運動でも過激派のハマスやイスラム聖戦機構は、アルカーイダと一切の協力関係を断ってきた。彼らには始祖の地解放という明確な目標があり、他の民族運動とも連携がある。一方、過激ジハード主義者にはナショナリズム運動を異端としか見なさない。当然、掲げた目標を民族問題から国際社会へと転換してしまうと、描く理想世界の違いにとどまらず、過激化の本質が変わってしまう。一方が主権国家の樹立を目指すのに対し、もう一方は国家枠を越えて輪郭すら不明瞭なネオ・カリフ制の復活を説くという違いである。

イスラム民族主義者はジハード主義者より柔軟で現実的でもあるので、一国家に属す意識を大切にする。それに比べ、過激イスラム主義者は国や人種の違いを超えてイスラムの覇権を叫ぶ。彼らを勇み立たせるのは普遍的なイスラム国家、ネオ・カリフ制の神話だけである。これを説教と力によってすべての人々に得心させようとする。その過激化レベルに限界がないのは当然であって、実現しようのない渇望をかなえる解決策はどこにもない。そこでは解決とは死であり、死を喜びとともに受容し、あるいは他人にさえ強いる。これがジハード主義者の飽くなき情念となり、その完遂のためにますます無信心者を殺戮し、自らも殉教を遂げて至福としていくだろう。

また、過激化現象が民主主義社会で起きるか、専制国家で生じるかでも違う。憎悪と過激イデオロギーが過激化を導くのは同じであっても、政治体制に本質的な違いがあるために、過激化の形態はまったく異なったものとなる。その広がり、深さ、グループ構成の点で大きく違ってくる。

西欧における過激分子は、オープンで寛容な政治制度ゆえに国民全体では少数派でしかない。欧州諸国でイスラム教徒が各国人口の二―八%にとどまる少数派である上、ムスリムの圧倒的な多数派もジハード主義に反対の立場をとる。このため、ジハード主義者は布教目的で若者の不良グループに接近する。彼らの多くがジハード主義者へ心情的な支持を寄せており、一歩踏み出して追随する可能性が高いためだ。

一方、専制国家では権力の不当性が、暴力的なものを含め、すべての反体制派にある種の正当性を生み出す。ジハード主義者が大衆層からシンパを引き寄せるために、その正当性を活用することになる。エジプトではムスリム同胞団に対する弾圧がその一部をジハード主義の下へ走らせ、過激イスラム主義に正当性を与えた。彼らはムスリム同胞団の政治的な失敗を穏健路線のせいと決めつけ、暴力を正当化した。権力による不法な弾圧が過激イスラム主義者の暴力を容認させていて、政治対立を公開の議論にかける民主主義社会と違い、はるかに大勢のシンパを数えている。また、専制国家だと地方住民の間に過激主義が根を張る例が多い。社会的な恩恵の少なさでも遠隔地に住む不利益でも、二重の意味でないがしろにされているためだ。

そうした不満を背景にドク・ウマロフに率いられたコーカサス地方の過激イスラム主義者が一三年十二月二十九、三十日、ロシア・ヴォルゴグラードで一〇〇人以上の死傷者を出すテロ事件を起こした。コーカサス地方の国々では政権が腐敗しており、軍事力で抵抗する過激派に心情を寄せるイスラム系住民が多い。西欧諸国だと、都市郊外や貧困地区で暮らすイスラム系住民でさえ、いくら排斥され差別されようと、容易にはジハード主義者の信条を共有しようとは思わないものだ。確かに西欧でもイスラム嫌いや社会的排斥への反発からジハード主義者への共感が刺激されているのは事実であっても、その基本的な傾向は変わっていない。

しかし、専制政治の社会ではすべての市民の政治チャンスが奪われ、権利の侵害を痛感させられている。とくにムスリムであれば、専制政体下で二級市民とされ、法の保護もなく、為政者の気まぐれに運命を委ねられたと思っているはずだ。そのため、ジハード主義の広がりが、為政者の恣意ではなく法制度で市民の権利を保護した民主主義社会ではありえないレベルにまで達した。民主政治下では初期に過激主義の封じ込めに成功すれば、たとえテロの恐怖があったとしても世論の反テロリスト感情が高まるだけで、長期的にはその浸透を抑え込めるものだ。だが、多くのアラブ諸国やロシア、中央アジアの共和国のような専制体制の国々では、世論が存在しないか抑圧されているため、過激集団に対する抑制機能をはたせていない。ただ一つ、独裁国家の強権力による恐怖だけが過激主義を抑止できることになる。

だから、旧ソ連・コーカサス地域諸国で過激組織が拡大する。中でもチェチェン独立派のイスラム過激組織「カフカース首長国」が多くの若者を引き寄せ、モスクワにまでテロ攻撃を広げて一〇―一一年には地下鉄や空港の爆弾テロで死者七〇人以上を数えたのが一つの典型例といえる。

原理主義と過激化の関係

こうして見ると、原理主義とは過激化現象への序章なのか、それとも過激行動を阻止する役目をはたすものなのだろうか。

そもそも原理主義には妥協しない側面がある。法を無視してでも若い女性に頭髪をすっぽり覆うベールを求めるとか、イスラム教やユダヤ教信者のために公共の場に礼拝施設を要求するとか、あるいはプロテスタントのペンテコステ派のように派手な布教活動を認めさせたりもする。自分の子どもの命に関わる緊急事であってさえ、他人からの輸血を拒む権利を主張するエホバの証人の例もある。このように宗教の違いを超えて、原理主義は国内でも国際的にも過激な形態や要求に傾きがちだ。しかし、カトリック、プロテスタント、ユダヤ、イスラムそれぞれの原理主義から暴力へ向かうとなると、多様な道筋をたどる。

現代のキリスト教に聖戦への志向性はほとんどない。ユダヤ教では一九七〇―九〇年代にわずかにその傾向があったものの、今日の欧州からは姿を消した。イスラム教ジハード主義だけが不信仰者に対する暴力的な聖戦を慫慂する、唯一の主要宗教といえる。統計上だと、欧州やアメリカでイスラム教のジハードを宣言したテロが続いてきたのは、二〇〇五年以降のことだ。

欧州におけるイスラム原理主義には二つの集団を特定できる。「タブリーグ・ワル・ダッワ」(信仰と実践連盟)という一九二〇年代末に発足し、パキスタンに本部を置く国際的な布教組織。ここは蔑意を込めずに原理主義組織と呼べる団体である。宗教性がすべてという主張をもち、信徒全体を受容しつつ、布教の「ダッワ」(勧誘)活動に励む。欧州各地に支部を置き、イスラムの教えに厳格ではあっても政治性はなく、信仰への呼びかけに熱意を傾注する。宗教的情熱が薄れ、信心を忘れかけたイスラム教徒を鼓舞しようという組織であり、フランスでは布教にあたるタブリーグの小集団が毎週、都市郊外に現れ、若者に呼びかけている。イスラムの良き影響が失われ、非行犯罪が横行して社会規律を欠く地区に住み込み、次は刑務所行きが確実な青少年を布教対象の柱とする。タブリーグ運動の目標は、こうした若者が再生し、イスラム信仰を取り戻すことだ。

もう一つ、組織的にはもっと柔軟なサラフィー主義者がいる。彼らは自由放任の現代社会を拒み、預言者時代の暮らしの復興を誓って、互いに信仰を確認し合う。この動きがフランスや欧州で追い風を受けて拡大している。コーランを字義通り厳密に解釈し、サウジアラビアの保守的なワハビー派教義を受け継ぎながら厳格な実践活動を行う。男女同席はもちろん、男女同権、世俗主義を拒絶する。イスラム系セクトの形態をとりながら、メンバー同士の婚姻を推奨し、男は顎鬚をはやし、女にはジャバラやクァミの伝統服を勧める。ヘルメットのように髪全体をすっぽり覆うベールも必須となる。

では、こうしたイスラム原理主義の相貌が過激なイスラムへの導きとなるかといえば、むしろ、その横行に待ったをかける事例がほとんどだ。それでも、その中からごく少数が組織を飛び出し、より暴力志向を強めた小集団に加わるとか、自分から過激化していく例があるので状況は複雑である。その場合、原理主義が閉鎖的なイスラムの鍛錬場となり、暴力志向を強めさせていったといえるだろう。不安定な内面を抱えたムスリムであれば、原理主義信奉が暴力容認のイスラム解釈入門編となっておかしくない。だが、それは個人の受け止め方の問題であり、原理主義団体の目標や方針とは関係しない。

原理主義は一方で個人を社会から引き離す役目をはたす。たとえば、サラフィー主義を信奉すると、一般社会の人々との共生や他宗教に対する寛容を拒むようになる。多様性の社会やアルコール類の嗜み、性の自由といった消費主義全般など、彼らの狭隘なイスラム的価値観に反するものを一切否定する。その意味で原理主義とは排他主義を学ぶ場であり、それが容認しないあらゆる行動様式から正当性を剥奪しかねない。この排他主義が他者への暴力を容認しない正常な枠に納まっていれば、サラフィー主義者の行動は通常のセクト主義とみなされ、正統イスラムではなくても違法ではないと判断されよう。

現代におけるイスラムと他の一神教との違いが何かといえば、超少数派の解釈とはいえ、暴力行動へ発展しかねない非寛容をイスラムの名において糾弾していない点にある。実際に暴力へ発展すれば、それこそがジハード主義となる。

問題なのはイスラム原理主義の信徒全体に不当な疑義を向けたために、彼らを傷つけ、過激派の台頭に手を貸すことになったことだ。そうなると、ある種の「預言の自己成就」となって、本質は違っていたにもかかわらず、原理主義者の姿恰好から過激主義者を疑い、そのことが実際に彼らを過激主義者の懐に追いやってしまうことが起きかねない。これが過激主義に関係してフランスで起きている特殊事情である。聖俗分離のライシテ（世俗主義）という共和国の行き過ぎた《原理主義》理念が、セクトとは距離を置いた人々を過激主義へ向かわせている。

一部のフランス社会にしか関係しないにもかかわらず、イスラム教徒の女子学生が髪を覆うスカーフ（ヒジャブ）問題を取り上げ、その宗教的象徴性をパージすると称して細かな法規則を導入したりした。それが、どれほどイスラム原理主義への疑念を社会全体に広げたかは明らかである。彼らを侮辱した態度が、いかに一部の信徒を妥協なき過激さに向かわせていることか。

〇四年には小学校で信仰を表す一切の着用を禁じた法が成立し、次いで一〇年に女性の顔全体を覆うブルカが禁止された。保育所でも同じ議論が沸騰した。〇八年にパリの保育所で保育士が髪全部を覆うヒジャブを使いたいといって解雇され、訴訟沙汰になったベイビールー保育所論争がきっかけだった。こうした論議がすべてイスラム教に関係しているため、ムスリム全体の居心地を悪くする。しかも、フランスではそれをイスラム恐怖症の反映と見なそうとしていない。

イスラム教に対する社会の非寛容な傾向を根拠として、過激ジハード主義が自己正当化できるのは確かだし、さらにいえば、世俗的な反イスラムの原理主義がなかったとしてもジハード主義は存続していただろう。それほど彼らの憎悪の根は、たんなるヒジャブ問題を超えて根深い。イスラム主義者のエネルギーの源は、国際的に広がる新しい組織的な過激主義イデオロギーである。それは世界全体を敵に回した聖戦そのものだ。

イスラム原理主義が出現してきた今日のフランス社会は、一つの危機に直面している。それは、基本的に政治の問題である国民アイデンティティーがグローバル経済によって動揺させられた上に、統合欧州が非宗教的なフランス世俗主義よりもアングロ・サクソン流の多文化主義を選び取っていく中で、フランス国民の決定権が否定される時代が来たという現実である。

サラフィー主義という新セクト主義

フランスの都市郊外で一五年ほど前、イスラム布教のタブリーグ運動が隆盛を誇った。いま、それに代わってサラフィー主義が台頭している。その組織構造には権限を分散化した柔軟さがある反面、保守的なイスラム教ワハビー派の教えを唱え、衒学風な服装、厳格な男女差別に依拠した世界観、現代のあらゆる偶像を許容しないなど、飛びぬけてイスラムを厳格に解釈する勢力として知られる。当事者たちはこの評価を否定し、自分たちは真実のイスラム擁護者であるだけで、他が本来の規律に従わず、真正でないだけだと主張する。

彼らはお互いが出会った場所で集団を結成する。組織と地域的な一体性は強固だ。服装から簡単に同志を見極められる。都市郊外や刑務所でサラフィー主義へ改宗する者のほとんどが、その宗教性に生きる模範を見る。

サラフィー主義者は理想のイスラムを二つの原理によって根拠づける。まず、教典コーランに頑なまでに忠実であること。教典コーランとともに預言者の言行を伝えたハディースを解釈するにあたって、寛容と自由の精神から宗教概念の多様性に道を開くようなことがあってはならない。規律を失った社会のアノミー状態に対処法を提示するのがサラフィー主義者だとして、現代社会の抱えた複雑な諸問題に明解な解決策を示し、信徒たちが苦しむ孤独や目標喪失に終止符をうたせようとする。現代という時代が曖昧にした事象に決着をつけていくこと。たとえば、男女の権利の違いと区別とは何か、許容可能なことと禁忌の違い、正義と不正義の峻別、人の自由意思と全能の神に由来するものとの違いについて……。

そこでは宗教がすべてに遍在し、現代社会が個人の自由意思とか民主選挙とかに委ねたものを宗教の網目へと取り込んでいく[6]。サラフィー主義の理念では、放任主義か絶望とニヒリズムに沈まずには生きていけない現代にあって、イスラムを無力感への特効薬とみる。もちろん、戒律が厳しいので一時的にしか入信せず、足が遠のく共鳴者が多い。それでも、中核はがっちりと組織され、国全体あるいは地域的な伝統に深く根を下している。

サラフィー主義者には第二世代が登場して前世代を後継しており、彼らはそれを誇りとしている。新世代はアラブ地域へ赴いてアラビア語を学び、教典コーラン読解に努め、パリのモスクにいる導師たちの教えを離れて、許されることと、禁忌の違いを信徒たちに説示している。こうしてフランスの大都市や郊外に彼らのイスラム解釈が拡散していくにつれ、新たな信仰実践の場を増やしている。

しかし、サラフィー主義の信奉者たちは大部分がジハード主義とは一線を画している。信徒たちが目指すのは生活レベルからのイスラム化であって、ジハードではない。聖地巡礼ハッジに加え、世俗主義のフランスより自由に信仰生活を送れるはずのイスラム地域へいつの日か帰還できるのを夢見ている。むろん、中にはそんな信仰に実効性がないと断じ、過激な理念を選択して武装闘争の扉を開けていく者もいる。

フランス各地や大都市でサラフィー主義者の姿はイスラム的風景の一部にまでなった。市街地に独自のモスクを持つ集団もある。イスラム改宗者の多くがその厳格な解釈に惹かれるばかりか、多くの一般イスラム教徒でも帰依こそしないものの、サラフィー主義を最も正統性ある解釈とみなしている。

彼らは一〇年余の間にイスラムの教えに合致するか違法かを宣告できる知識階層の育成に成

功した。信徒たちも熱心にアラビア語を学び、ハディースの言行録を修得し、そこに独自の解釈を織り交ぜて理論化を怠らない。その上で幅広いテーマについてイスラム改革主義など他の解釈を凌駕しえる理論強化に努めている。

一方で忠実な信徒でありながら、本来、正統な宗教解釈と両立しないはずの麻薬取引といった違法行為に手を染める者がいる。ところが、彼らの解釈では預言者以前の無明時代ジャーヒリーヤのような現代社会で生きていく以上、そうした行為を便法だとして正当化する。こんな現代社会にはアッラーの信仰は君臨しておらず、イスラム的価値も尊重されていないからだという。

サラフィー主義現象が一義的に同じ意味をもつわけではない。その大多数は厳格な原理主義者であっても、過激化はしない。セクト的な宗教性から始まり、目指す地平こそ外部に閉ざされているものの、社会との紐帯を暴力で断ち切るわけではなく、非暴力のままでいる。ただし、その宗教上の理念が一般的な信仰形態と関係を断絶させ、信徒の生き方から一般的な社会性を喪失させていくのは確かだ。要するに、ジハード主義のように暴力をもってではなく、イスラム原理主義の名において非宗教の世俗的規律の正当性に挑戦状を突きつけるものといえよう。

原注

（1）「フランスのジハード主義者たちはいかにしてインターネットを通じ、リクルートされたか」（仏『フィガロ』紙、二〇一四年一月二十四日付）。「ソーシャルメディアによるジハード」（『フィナンシャル・タイムズ・マガジン』誌、二〇一四年三月二十八日号）。

（2）仏内務省によって一人のチュニジア人が緊急手続きで国外追放された。容疑はグルノーブルで若いフランス人をジハード戦士候補としてリクルートしようとしたもの（『ル・モンド』紙電子版、二〇一四年六月十四日参照）。

（3）ハルーン・サイデック記者「イスラム国（IS）のジハード戦士リクルート・ビデオでイギリス人三人に焦点があてられる」（英『ガーディアン』紙、二〇一四年六月二十日付）。

（4）**Dounia Bouzar**（二〇一四年）はとくにアイデンティティーの危機を強調する。その点で破壊者となるテロ計画で自分の存在意義を確認したい願望は、二の次である、としている。

（5）マガリ・ジュディス記者「シリアのジハードの現実『私たちの子どもたちはテロリストたちの束縛下で操られた未成年者の集団』」（『ル・モンド』紙電子版、二〇一四年五月二日）。

（6）サラフィー主義者はこう理解する。現代の民主主義とは邪神の形態である。法も政治も神から発しなければならず、その戒律はすべてコーランとハディースに記されている、と。

第7章　刑務所の現実

一般社会だけで過激化現象が起きているわけではない。刑務所や軍隊、学校、さらに医療施設といったさまざまな機構や組織でも発生しえる。これまで学校や病院、国軍で大掛かりな事例が観察された例はない。ところが刑務所となると、もっとも過激化現象にさらされた公的な機関となる。そこには刑罰を宣告された者、あるいは審判を待つ被告人が強制されて同居している。もともと彼らには、社会と緊張関係に立ち、しばしば社会への不満と経済的な不遇に苦しみ、自分のもつ文化的背景を理由に侮蔑されてきたトラウマがある。受刑者にとって刑務所の強制力が、しばしば過激化への助長要因となるのは自然な流れかも知れない。

刑務所で起きている過激化を観察するならば、人は自己利益を最大限図るものだという「合理的選択理論」に疑問符をつけることになろう。過激化へ導く者と違い、洗脳されて過激化する大部分の人々についてそれがいえる。導き手は脆弱な人の心理に働きかけて過激主義の企みへと引き入れているはずだ。だから、二、三人の少数グループを洗脳の対象に選ぶ。刑務所でそうした具体例を検証してみて、新しい過激化モデルについて多くのことを確認できた。

精神的に不安定な一人の受刑者がいた。家族がバラバラとなって里親に出され、最後は養育ホームで暮らし、重大な犯罪をおかして一〇年以上の拘禁刑に服した男だった。事件の裁判では計画性を否定しても判事には納得してもらえなかった。そんな時、過激なイスラム主義者が近づき、その脆弱な心理を巧みにコントロールしてジハード理論を吹き込んだ。遅まきながら刑務当局が扇動者の与えた影響に気づき、その人物をすぐに別の刑務所へ移監したが、洗脳はすでに完了していた。この引き離し措置後、受刑者の症状が悪化していったのは、精神の呪縛と関係があった。心理的に弱い男は文字通り、魔術をかけられたように導き手の説く想念に幻惑されており、批判の意欲もなく、そのイデオロギーや教え込まれた理想を自ら調べて確認することすらできなかった。

もちろん、それぞれが合理的なやり方でイデオロギーを身につけていくのが普通なので、そんな魔術にかけられるようなことが簡単に起きるわけではない。過激主義をぶつける具体的な標的があり、扇動者がそばで説教してくれる限り、心の弱い拘置者であっても持ちこたえていられる。そうなると、その受刑者の行動や精神に回復の兆しが見えてくる場合がある。一時的に快活さが蘇り、躁鬱症患者が躁期に入っていく状態に似てくる。だが、導き手が刑務当局によって移監されてしまうと、受刑者は以前よりはるかに深刻な鬱状態に陥ってしまい、"魔術"が致命的に作用していたとわかる。症状がさまざまな形で行動に表れてくる。引きこもり、自殺未遂、他人との関係断絶、ジハードにまつわる妄想など示すようになる。刑務所の閉鎖状況で、こうした導き手と被洗脳者の組み合わせが起こす悲劇的な構図を何組も観察できた。悲劇の深刻さは洗脳される側の病理レベル次第だ。

このような病理的な過激化現象の出現が教えるのは、過激化した人物や導き手を心理的な正常者とみなしてきた従来の分析の問題点といえるだろう。[1] これまでの理論や学説では過激化に関係した人々の精神状態をあくまで正常と想定してきた。刑務所では数多くの心理的弱者とか精神病質者が過激化現象に引き寄せられていく現実がある。今日、合理的で効率の高い刑務所管理が難しくなっているため、心理的弱者が少人数の過激グループに引き込まれる傾向が目立っている。九・一一同時多発テロ事件までアルカーイダのような組織は効率性を重んじたので、精神的にもろい人物をむしろ排除した。しかし、新たなパラダイムではカリスマを備えたリーダーでさえ、精神障害という危険性を抱えることが明らかになってきた。

イスラムが多くの拘禁者の関心を集めるようになったのは、欧州で抑圧された者たちの宗教となったからである。規範の失われた社会のアノミー状態と人種差別に苦しんできた北アフリカ・マグレブ出身移民の第二、三世代の若者がイスラムに惹かれていく。同様に、イスラムへの改宗者もまた、七〇年代の左翼過激派が掲げた反帝国主義スローガンに代わる意味を過激イスラム主義に認めている。

イスラムを名乗ることには、傲慢な西欧と対決する決意に始まり、伝統的な家父長制への回帰に至るまで多様な意味合いが込められている。その家族制では男女それぞれに役割があてがわれており、役割をわかち合う男女平等は成り立たない。むろん、イスラム主義を信奉する女は男に比べてはるかに少ないが、女たちにとって、西洋のフェミニズム運動と逆行し、それが半世紀かけて勝ち獲った果実を否定した上で、敢えて家父長主義を受け入れる意味とは、西欧文化志向との断絶であり、逆説的な自己肯定である。

刑務所とは、さまざまな者が混ざり合う〝るつぼ〟であって、拘禁者では北アフリカ系移民が多数派で、移民系新世代の抱えた曖昧なアイデンティティーが顕著になる場でもある。フランスでは受刑者のほぼ半数がイスラム系といわれるが、これに対し国の人口構成比では約八%でしかない(2)。

ある意味、刑務所で起きている過激化現象はフランス社会で進行する変化を反映する。また別の側面では外の社会よりも当局の締めつけが強い刑務所には、そこなりの特殊性があるといえるし、受刑者が多過ぎて過密状態なので過激化プロセスがこれまで見られなかった形で起きたりする。

ここでテレビがはたす役割も無視できない。フランスの刑務所で受刑者がテレビを観るには数年前まで高い視聴料がかかった。現在、月一〇ユーロ（約一三〇〇円）もかからないで、いくつかの公共放送を観られる。しかも、テレビが受刑者同士の交流を盛んにするばかりではない。映像を通じてイスラム世界の現状とそれが置かれた苦境、あるいは紛争解決のためとして西洋諸国の介入が報じられると、不公正を怒る彼らの激情が刺激されていく。

仏南西部トゥールーズで乱射事件を起こしたモハメド・メラ事件の際、ムスリム受刑者たちが見せた興味深い反応を目の当たりにしたことがある。私たちがインタビューしたほとんどの受刑者が、テロ犯がたとえユダヤ人であろうと子どもに手を出してはならなかった、と断言した。その犯行をイスラムの教説のせいだという者がいる一方で、やみくもな憎悪の発露だと批判する者もいた。肝心なのは彼らの多くが本心を明かしていなかったことだ。当然ながら、聞き手の私が警察か刑務当局へ通報するのを警戒し、言い回しを考えたのだろう。本当は子どもの殺害さえ称賛する若い受刑者がいる、と教えてくれた者がいた。若者より自由に口を開く何人かの年配の受刑者たちだった。メラは都市郊外や刑務所の若者にとって事件から一〇年間、間違いなく英雄と崇められ、フランスで爆弾テロを起したハリド・ケルカルがそれ以前に英雄視されたのと同じ現象が再現されていた。二人とも最後は警察に射殺されているが、死ぬことで英雄になり、殉教者とみなされるようになっていた。

刑務所における過激化はまた、どういう形の拘禁かにも左右される。刑務所の管理全般や監房棟の構造に至るまで、すべてが過激化を促進するか阻むかを決定づける。仏中部ローブ県にあるクレールヴォ中央刑務所などいくつかの拘置施設では、リベラルで寛容な管理方式が施行され、拘禁から生じる不満を抑え、過激化進行を阻止するのに成功している。逆に厳格さで知られた刑務所では受刑者が侮辱されたと感じたり、欲求不満を募らせる例が少なくない。収監者の正当な訴えに理解を示さない例も数多くある。たとえば、スポーツをしたい要望に応えるとか、個別監房に二人以内の収容とか、信仰を実践できる施設環境、つまり集団の金曜礼拝を認めるとかである。あるいは家族面会の条件をもっと緩和することも過激化を防ぐのに役立つはずである。

刑務所によどむ欲求不満

施設管理に加え、イスラム導師の不足が各地の刑務所で金曜礼拝を実施できない背景にある。これが信仰度の深浅を問わず、ムスリム受刑者の不満の原因となっており、刑務当局が自分たちに抱く蔑視の表れと受けとめる者さえ出てくる。その反感に根拠があるかどうかはあまり重要ではない。彼らが刑務当局に対して抱く不満のタネが、よくいわれる刑務所側のイスラム恐怖症とは別な理由に根ざすことの方が大切だ。誤解かどうかは別にせよ、ムスリム受刑者の多くがキリスト教やユダヤ教に比較してイスラム教は差別されていると信じ込んでいる。彼らがよくいうのが、刑務所でイスラム信仰の実践に規制が多すぎる点だ。多くの監獄施設でイスラムの金曜礼拝を実施できないというのにキリスト教の日曜ミサ、ユダヤ教の土曜サバトはきちんと尊重されていると訴える。

この不満にはさらに次のような点も加わる。

――イスラム教徒の受刑者が入所する際、礼拝用の絨毯持ち込みが禁止されたりする。当局側が絨毯を宗教的シンボルとみなすためだ。一方、受刑者にすれば絨毯は一人で礼拝するのに欠かせないもので、大絨毯がない場合には集団礼拝でも使うつもりでいる。絨毯の中には聖地メッカの方向を示す方位磁針ギブラコンパスが縫い込められたものがあり、入所時のセキュリティー・チェックで探知されてしまう。すると、他にも金属物があるかもしれないので、その絨毯を切り裂かざるをえなくなり、不満のタネを残してしまう。

――イスラム服のジャラバやクァミも禁止される。それらがフランスの政教分離主義に反して宗教性のあからさまなシンボルとみなされるためだ。

――一部の刑務所ではイスラム教の教えに従って処理されたハラル食品の肉などを入手できない。受刑者は供与されるハラル食品とされた鶏肉や牛肉をまがい物と決めつけ、刑務所側がごまかしていると非難する。主張の根拠にテレビ報道で知った食品の不当表示事件をあげたりする。

――信徒が不安や不平を明かすべき導師イマームの絶対数が足りない。カトリックにとっての神父と同じように、ムスリム受刑者にとって心を打ち明ける大切な役目をはたすのがムスリムの教誨師である。信徒はイマームに向かって心の不安や苦悩を明かし、心配事に応じてイスラムの教えを聞きたいと思っている。導師に会うために手紙を送り、数週間待たされた上でやっと最初の面会がかなう例が多い。もし、面会がかなわなかったらどうだろうか。心情を吐露する相手と面会したい受刑者にとって、待たされる時間の長さは耐え難いものだろう。

――イスラム教徒にとって大切な断食月ラマダン明けを祝う小宴で、刑務所がムスリム受刑者に提供する食べ物の量がきわめて乏しいという。ミルクやダーツ（干したナツメヤシの実）、果物ジュースなどを入れた小袋が余分に配膳されるが、貧相な施しが彼らの怒りに火をつけ、イスラムへのあからさまな蔑視だと辛辣に皮肉る声が上がることになる。

ラマダン明けの宴にしては貧弱な食品袋に比べ、クリスマスに配られる包みにはたっぷりの食品があると猜疑心を呼び起こし、紛糾する。なぜムスリムの祝祭日には同じ大きさの食品袋ではないのか。政教分離の共和国と公称するフランスでありながら、クリスマスの尊重が示すのはキリスト教優先の証明でしかない、とムスリム受刑者たちは失望するのである。

刑務所ではイスラム教が下位の宗教と受けとめられ、閉ざされた中でさえ抑圧された生き方に甘んじる、というのがムスリム受刑者の思いだ。そんな受刑者の被害者意識が極端に高まれば、すべてに不満を募らせるがごとき言語表現へと簡単に転化していくであろう。

難しい仲介者、ムスリム教誨師の現状

過去一〇年で刑務所関係の教誨師の数は二倍以上に増えた。〇五年のほぼ六〇から一〇年までに約一六〇へ増加した。しかし、その数字には重大な欠陥がある。フランスで受刑者のうち半数がムスリムであったとしたらどうか。政教分離主義下で人の信仰を問うのは禁句なので正確な数字を判定しようがないが、その概数は現場調査から推定してほぼ正しいと思われる。ム

スリム受刑者がカトリックやプロテスタントと同レベルの頻度で教誨師との面会がかなうようになるには、最低でも現状の三倍の数が必要になる。

未決者の拘置所の場合、とくに大都市ではムスリム教誨師不足が顕著で、現状ではとても要求に応じられる状況ではない。数の不足が過激な人物の跋扈を許すことになる。拘置者数があまりに多いために過密な雑居状況が生まれ、過激な人物が勝手にイマームを自称し、一部の拘置者にイスラムの過激な自己解釈を吹き込めている。自称イマームたちは、マグレブ(北アフリカ)出身の受刑者が抱くフランス社会への憎悪を崇高な怒りへと転換させてしまう。その怒りが神聖さを纏ってしまうと、変化は深刻なものとなる。見境のない憤怒となって社会の組織集団へぶつけられ、すべてに死をもたらす企みに乗り出させかねない。この変化は一つひとつの異常行動や犯罪とは比べようがないほど巨大な危険の始まりである。

カネ持ちになりたい、中流階層の仲間入りをしたいと思う者が犯罪に走る。多くが敵愾心や人種差別で不当に社会からつまはじきにされたと感じる者たちだ。彼らの憎しみを神聖なものとしない正式の教誨師がいないのであれば、その中から社会と断絶し、内面に刻まれた喪失感しか知らない不安定な人物が現れ、怒りに燃えて復讐を決意し、ジハード主義者に一変することがありえる。そうなる時、神話化された自分の過去や、もはや存命しないムスリムの祖先を理想化し、判断の基準としていく。祖先の亡霊が、失われた真実性を回復するただ一つの根拠となって纏わりつくようになる。

このように、いまや刑務所が恐るべき場所になっている。そこは疎外された若いムスリムが戦闘意欲に燃えたイスラム教と出会う場であり、あるいはジハード完遂に賭ける常軌を逸した者が数人いさえすれば、若者を戦闘員に変えてしまう危険極まりない場所と化している。しかも、過激化の途上にある若者の中には教誨師を刑務当局の手先とみなしたり、少なくとも自分よりイスラム修養が足りないとして面会を拒む者がいたりするので厄介な問題である。

また、受刑者にはイスラムに関した学殖を競いあう者がいる。とりわけイスラム法の知識とか、コーラン読解の深さ、聖典の読み込みに加え、タジュイードと呼ばれる厳格な音声規則に従ったコーラン朗唱力を競うのである。こうした受刑者にとって刑務所がイスラム法や教えに深く精通する場となるわけで、逆に見れば、過激化回避に貢献する可能性もある。そうなると、出所したらジハードへと突き進むのではなく、イスラムの地へ出国しようと考える者もいるだろう。ジハード（聖戦）よりも新たな地を求めるヒジュラ（移住）の方が、自己存在の不安にこたえ、世俗社会と紛糾しない穏健な解決策と思えるようになるだろう。そうなって初めて、受刑者とイスラム教誨師との関係が正常なものとなる。

総体として教誨師がはたす役割は、彼らがいないために過激化してしまう受刑者を考えれば、積極的にとらえなければならない。コーランの教えに則り導師が諭すことで、過激主義者による極端な解釈を〝解毒〟してくれよう。たとえばコーランが教えるサブル（忍耐）という理念がある。パリ首都圏にある大規模刑務所の礼拝で繰り返してサブルを説き続けたイスラム教誨師がいた。危険な冒険に乗り出すのではなく、神の約束した素晴らしい時代に備え、入所中にイスラムの忍耐を身につけようと説き続けたのである。

刑務所に見る過激化のタイプ

刑務所は過激化現象が浸透する諸施設の中でも特別な場といえる。そこでは過激化の事例が数多く観察されてきた。テロ集団と関係して収監された過激派に影響されるとか、過激なイデオロギーに自ら染まる場合もあった。あるいは拘禁生活が誘発要因となった欲求不満の爆発など、さまざまな実例が観察されてきた。こうした刑務所における過激化の事例を三つの範疇に分類してみた。

——テロ集団と関係した受刑者で、筋金入りの過去を有した者。
——当初、軟弱な肉体や心の弱さをやくざのボスなどに衝かれ、その威圧から逃れようと宗教上のリーダーの保護下に入り、身を守る手段として過激化していった者たち。そこから歯車が回りだし、集団のもつ力学も作用して本物の過激派に変身していった例。
――イスラム主義者運動に加わることで自分の値段のつり上げをたくらむ者。刑務所内で一目置かれたくてイスラム過激主義を踏台に使おうとする。動機が他の範疇と違うとはいえ、大なり小なりテロ志向はあり、自ら過激化するので一範疇に分類できる。

この最後の範疇ははっきりと減少した。刑務当局の適切な措置が効果を上げ、常日頃からテロを起しそうな者や過激思想を吹聴している者、あるいはイスラム過激主義を利用して他の受刑者より上位に立とうとする者を細かく監視してきた成果と思われる。それでも範疇から漏れるものもある。たとえばテロ犯モハメド・メラの兄が若い受刑者の人気者になったのがその例だ。テロ犯の弟の威光が兄にも作用したばかりか、兄自身が収監されたために弟と同じ思想を持ち、テロを支援したと信じられ、ますます受刑者たちの熱い視線を集めた。何者でもなかった過去をうとましく思ってきた受刑者にとって、混沌から脱け出し、どんな形であれ栄光をつかむことほど貴重なものはない。

他の受刑者を同じ道に引き込む上で、既存の過激派が鍵をにぎる。政治問題や一般の受刑者が気づかない点をいち早く宗教的に咀嚼し、イスラム特有の言語に落とし込んで解釈してみせる。過激派のムスリム受刑者がいること自体、イスラムの政治化を証明するが、彼らは暴力を宗教活動の一側面ととらえており、かつ聖なるものの政治理念の表れが暴力だとみなし、宗教を戦いのイデオロギーと理解している。彼らがカリスマを備えた指導者となった場合、心の弱い受刑者の抱えた欲求不満に方向性を与えてスケープゴート探しに出発させるかもしれない。フランス、西洋、あるいは他の特定の国を標的として救済行動に赴かせる、すなわちテロ敢行となるのである。

過激イスラム主義者は受刑者に対し、イスラムを単純に各人の生き方とか宗教儀式とする見方を捨てさせ、むしろ集団強制力とみなすよう仕向ける。また政治を宗教の下位に従属させた考え方をとらせる。早くに過激化した受刑者にとって、政治を宗教の体系にとらえ直して説いてみせるのは難しいことではない。そうなると、あらゆる政治と社会の出来事が過激イスラム主義に沿って解釈可能となり、奇跡を起こす解決策として神聖化された暴力が説かれていくであろう。

原注

（1）一般的に過激イスラム主義者に関した諸文献は、多数派を占める〝正常〟な人々を前提としている。問題なのは、こうした文献が今世紀初頭、アルカーイダのモデルが全盛だった時期のジハード主義研究に依拠し、新しいパラダイムを無視した点にある。以降の過激イスラム主義者には精神が弱く、不安定な者がはるかに増えている。Diego Gambetta（二〇〇五年）Marc Sageman（〇四年と〇八年）を参照。
(2) パリ首都圏やリヨン、マルセイユの大都市周辺にある刑務所の受刑者中、イスラム教徒は四〇—七〇％と推定される。この数字を裏付ける正確な統計はないものの、間接的な証拠、たとえば教誨師との面会や断食月の食事のとり方、名前、日常の言動などから推測しえる。コスロカヴァール著書（〇四年）参照。

終章　脱過激化への模索

新しい過激主義の進行

一九七九年のイランのイスラム革命以後、イスラム主義運動、さらにはジハード主義運動の舞台としてのイスラム世界が出現した。そんな国際的環境の中で過激化が進行してきた。一九九〇―二〇一〇年には、アルカーイダなどのイスラム主義運動の戦略に変化が生じ、その標的が近隣のイスラム政権という「近い敵」から、「遠くの敵」すなわちアメリカや欧州へと移行していった。

二〇一〇―一一年のいわゆる「アラブの春」、アラブ革命によって過激イスラム主義はイスラム世界の内部で小休止した。だが、リビアやイエメンといった破綻国家が生まれ、特にシリア内戦とともに過激イスラム主義が一段と強力な再出発を遂げるに至った。シリア内戦は、全世界とりわけ欧州、その中でもフランスの過激化の道に若者たちを引きつけたのである。[1]

一九八〇年代以降、ジハード主義は多くの国でいくつもの段階を経て展開してきた。最初はアフガニスタンで七九年ソ連軍侵攻に伴い戦線が開かれ、ソ連の傀儡政権と戦うため、西側諸国の支援であらゆる流派のイスラム主義者がその戦線に結集した。ビンラーディンやその部下がボランティアの兵士たちを当時アフガニスタンにいくつもあったキャンプに送り込み、訓練を受けさせた。アルカーイダの歴史的起源はこの時期にさかのぼる。

八九年にその戦争が終わり、ソ連軍が撤兵すると、これら「アフガン」戦線帰りのゲリラ兵士の大半がそれぞれの国に帰還し、国内でジハードを開始した。アフガニスタン戦争のような低強度戦争では、外国人ジハード戦士は戦闘に参戦させてもらえないことが多かった。それでも帰国後の彼らがしばしば、ゲリラ闘争や爆弾製造の技術を教え、さまざまな社会集団でジハード主義者の中心核を形成することになった。

続いて、西側諸国にもイスラム世界にも新世代のジハード主義者が現れた。現場でよりは、インターネットを通じてゲリラ闘争に関する知識を習得した若者たちである。全体として爆弾製造に関した技術レベルは低いながら、インターネットとその活用技術には並はずれて精通していた。

いまやジハード主義者第三世代と呼ぶべき世代も登場している。アラブ革命がもたらした危機の結果生じたアラブ破綻国家、特にイエメンとリビアで、またアルジェリア‐チュニジア国境地帯で、とりわけ内戦シリアで形成されたジハード主義者たちである。

シリアは、二〇一二年にはまだ穏健な反政府勢力が存在し、市街地の戦闘が激化する中でもアラブ革命の理想を守り続けようとしていた。しかし、一三年以来残虐な内戦に陥ってしまった。今や、三すくみの戦線ができてしまった。アサド政権軍と自由シリア軍、ジハード主義グループが激突する。ジハード主義グループは、ヌスラ戦線、「イスラム国」(IS)などで過激なイスラムを掲げている。ヌスラ戦線とISのイスラム過激派同士でも戦闘が続く。内戦開始当初、シリアで戦う外国人ジハード戦士は一万人を超えた。そのうちほぼ二〇〇〇人が欧州から、一〇〇〇人がチュニジアからだった。[2]この外国人たちは、激戦の真っただ中に身を投じている。

実際、かつてのアフガニスタンでは三〇〇〇—五〇〇〇人の外国人ジハード戦士がいたが、そのうち戦闘に加わっていたのは一〇%に過ぎず、残りはキャンプに居住しているか、隣国パキスタンの少数民族地域に留まっていた。ソ連軍と戦っていた兵力のうち外国人兵士は〇・

五％足らずであり、アフガニスタン兵士の死者が一〇〇万人に上ったのに対し、中東から来たアラブ人の死者は五〇人程度でしかなかった[3]。

これは、シリアの状況と対照的である。国内のジハード戦士に対する外国人戦士の割合は激変した。自由シリア軍の兵力はおそらくは一〇万人止まりであり、うち通常兵力は八万人、前線にいるのは五万―六万人程度と見られている[4]。だから、推計一万人という外国人ジハード戦士は、比率で言えばアフガニスタンよりはずっと高比率になるわけである。

これらの若者の中には、すでに死亡した者も何人かいる。たとえば、フランス人のニコラ・ボン（別名アブ・アブダル・ラーマン）とジャン・ダニエル・ボンの異父兄弟。弟のジャンは、一三年八月、兄のニコラは同年十二月に死亡した。モロッコ系イギリス人のチュクリ・エルクリフィ（別名アブ・フジャマ・アル・ブリタニ）は、ロンドンの街路で数人の通行人を脅して金を奪い、自らのジハード参戦費用にあてようと企てた男だが、その後やはり一三年八月にシリアで死んだ。シリアのジハード戦士のための資金集めは、イギリスでもフランスでも、またサウジアラビアやカタール、アラブ首長国連邦などのイスラム教国でも行われているようだ。

欧州のジハード主義者たちは現地へ出発する前と、さらにシリアに滞在し始めてからも、インタビューやメッセージを通じて盛んに「人道的ミッション」に言及する。フランスにおける「ルーベのギャング団」以来の伝統が守られているわけだ。一九九六年に活動したこのギャング団メンバーには、リオネル・デュモンのようにボスニア戦争のイスラム過激派に加わる前、クロアチアで人道ミッションに参加していたという者もいた。

欧州人のジハード戦士候補は、まずは飲料水を配ったり、厨房を担当したり、負傷者搬送といった新参者に割り当てられる補助的な仕事を分担する。またある程度初歩的な訓練とイデオロギー教育を受ける。そうしながら、鍛えられたジハード戦士の脇で戦闘に参戦していき、入り込むにつれて共に武器をとる兄弟という意識が生まれ、その意識の中で自らをジハード主義グループと一体化していく。

欧州からのジハード戦士たちは、アラビア語も話せないので、出身国ごとにグループ分けされることが多い。同じ国から来た者同士に生まれる友情の絆は、彼らが出身国に帰り、そこで過激派集団を組織しようとする場合に貴重なものとなるはずだ。信頼できる情報筋によれば、西欧でジハード主義者の人集めが行われていない国はない。トルコ系ドイツ人の若いサッカー選手、ブラク・カランにはプロ選手として輝ける未来が待っていると思われた。実際、サミ・ケディラ、デニス・アオゴ、ケビン・ボアテングといった、やはり移民出身の選手仲間は本物のスターになっている。しかし、カランは二〇一三年十月、シリアのアサス市近くでアサド政権軍の空爆により死亡した(5)。

デンマークのジハード主義者も負けていない。アブ・カタブは間違いなく一三年十一月にシリアの戦線で死亡したと見られているが、YouTubeにデンマーク語でジハードを呼びかける二本のビデオを残していた。カタブによれば、デンマークでの生活は心地よくても、それはイスラムの若者をジハードの道から遠ざけるための罠でしかないと主張した。彼はこう言う。

「デンマークでは、何でも手に入った。両親がわれわれのために何でも買ってくれ、パンやミルクは無料で与えられた。だが、異教徒たちは、われわれをだますことができなかった。……親愛なる兄弟たちよ、ジハードこそが最大の報酬なのだ。あなたたちの血があまく匂う。親愛なるデンマークの兄弟姉妹よ、あなたたちも来なければならない。それが、イスラムの人民とイスラム教国家を強くするために成すべき最善のことだ」

デンマークのジハード主義者としてはアブデルロザク・ベナラブという男もいる。コペンハーゲンの「青い家広場」という名のギャング団の首領で、シリアのイスラム過激派グループ「アフラル・アルシャム」に加わった。〇六年、デンマークで五人の人間を処刑する目的で二人のポーランド人の刺客を雇ったとして起訴された。この件では無罪となったが、その後、暴力行為と脅迫で有罪を宣告された。

ベナラブの一味は、コペンハーゲンでオートバイ乗り集団と移民集団が対立して起きたギャング抗争にも加わっていた。メンバーの一部は、その後、シリアのジハード集団の傍らに再集結していたのである。

別のビデオによると、サラフィー主義集団「カルデト・ティル・イスラム」(「イスラムに呼ばれて」の意)の指導者、シラズ・タリクもシリアで死んだ。非常に過激なグループ「ジャイシュ・アル・ムハジリーン・ワル・アンサール」(「移民と預言者の仲間たちの軍隊」の意)に加入していた。このグループでは、数千人の外国人のジハード戦士が殉教を究極の目的として掲げ、シリア政府軍と戦っている。[6] さらに別のデンマーク人ジハード主義者で、グアンタナモ監獄帰りのスリマン・ハジュ・アブデラーマンも一三年初め、ヌスラ戦線グループにいて戦死したという。

こうした例は、欧州のあちこちで迷える世代が存在し、その一部が社会から逸脱し、自分の人生を意味あるものにするため、ジハード主義の冒険を求めて行くことを実証している。いくつか異なった国々を巡り、自らが置かれたちっぽけな犯罪者の状況とは対照的な、絶対的な関わりの中に自己の存在理由を見出すのだ。この場合、生きる意味を求めるためには、社会に反逆することであり、英雄的で聖なる戦いに加わっていくのであれば、周りの世界や家族との繋がりも断って自己の確立を急がねばならない。庶民階層のイスラム移民の子や孫を排斥し、犠牲を強いるような社会がこの世代に劣等感を抱かせている。だから、社会は憎まれてしかるべきなのである。

欧州とアメリカを比較すると、この現象はアメリカではるかに目立たない。ジハードを実行するためにシリア入りしたアメリカ人は、一〇〇人程度と推計される。多くのイスラム教徒は、自分たちに関するアメリカの政策が欧州よりもずっと抑圧的だと考えている。それでもシリア入りする者はアメリカの方が少ない。

この新たなジハード主義は欧州の特性が強いということになるが、欧州が中東と距離的に近く、イスラム系の若者の法的立場が不安定で、より強い疎外感を与えられているからだといえよう。そのため、アイデンティティーの不安や犠牲者意識が増すことになる。アメリカの場合、白人のイスラム教徒はどちらかと言えば中流、あるいは中流と上流の間の階層に属するという違いもある。

シリアにはまた、アラブ世界、とくにリビア、エジプト、アラブ首長国連邦から多数のジハード戦士が集まっていることにも注目しなければならない。リビアの場合、カダフィ政権の武器庫が軍閥の手に落ちた。軍閥は、その武器を最も高値で購入する者に売り飛ばした。結果的にリビアはシリアに武器も送り込んでいる。

シリアにいる外国人ジハード戦士の年齢は、十五歳から三十歳前後の間である。彼らの一部は戦争を生き延びて欧州、とりわけフランスに帰還するだろう。その動きはすでに始まっている。治安諜報機関がそうした帰国者の大半の身元を突き止められるとしても、全員の取り締まりや、刑務所に送るのに十分な証拠収集はもちろん不可能であろう。

欧州では帰国者による犯罪がいくつも起きている。諜報機関は彼らの身元を突き止めてはいたが、証拠不十分とか、その危険度を予測できなかったとかで事前に身柄を拘束できなかった。仏南西部で連続銃撃事件を起こしたモハメド・メラは監視対象であったし、マイケル・アデボラージョとマイケル・アデボウェールの二人組[*1]も過激イスラム主義者だとわかっていた。しかし、それだけでは民主主義国で逮捕はできないのである。

シリアの戦乱を生き延びたジハード主義者のうち、北アフリカ出身者の一部も、マグレブ諸国から離散した移民との家族的なつながりによって、欧州、中でもフランスにやって来るだろう。そこで、テロと闘うために新しい仕組みを作り出す必要がある。その仕組みとは、ただ力で抑え込み、弾圧するだけでなく、個々の人間の説得や社会同化を目指すものでなければならない。特に、彼らジハード主義者が育った地区の住民や市町村当局、宗教関係機関、警察、精

＊1 **マイケル・アデボラージョとマイケル・アデボウェールの二人組**　ナイジェリア出身のイギリス在住イスラム改宗者。二〇一三年、イギリスで英軍基地から出た平服の兵士を襲い、殺害した。その際、殺害シーンを自分たちで撮影し、アルカーイダ機関誌が掲載した。

神科医を集めて脱過激化措置を導入することだ。

脱過激化のメカニズム構築

過激化を防止するために、欧州の多数の国が「脱過激化」といわれる措置を導入しつつある。それはジハード主義に染まった人々を「正常」の方向に連れ戻すことを目的とする。この場合の「正常」の定義とは、社会を苦しめる害悪への解決策としては暴力を行使しない、ということにある。民主主義国の中でも、例えばアメリカなどで一部の対処行動が人権尊重の原則から逸脱することがあったとしても、過激化した人間を〝解毒〟させる方針を推進できたという国もある。実際、グアンタナモ基地の監獄のように、令状なしで逮捕され、裁判が開かれないまま拘置されることもあれば、米軍がイラクに駐留していた時期、アブグレイブ刑務所で行っていた溺死刑にも似た水責めのような容認し難い拷問や、その他の心理的、肉体的圧迫もあった。

大部分の中東、北アフリカ諸国のような非民主主義国の場合、「脱過激化」を進める姿勢そのものが人権侵害のほかにも問題を孕む場合がある。一般国民の意思を無視し、抑圧している政府をどうして信頼できようか。肉体的拷問、許容できない心理的、肉体的圧迫など、そんな政府の囚人取り扱い方法に信をおけるだろうか。そうした政府の「脱過激化」の統計数字など信用できるものではない。

たとえば、サウジアラビアは、自国の脱過激化プログラムの成功率が九〇％以上だと誇示している。だが、これはプログラムの内容や、社会・政治的目的から見ても、また並外れた優遇措置があることから見ても、怪しい数字である。「脱過激化」する者には、比較的高給の仕事を世話してくれるし、結婚を奨励するため物的、金銭的支援も受けられる。彼らが過激なイスラムの世界観から遠ざかり、アッラーの神の「穏健な」宗教概念を身につけるべく、枠内にはめ込んでしまう強制教育さえ行われている。

ともかく、民主主義国の脱過激化となれば、個人の内なる意識を尊重しつつ、「テロ行為を謀議する悪人組織に加わった」罪で有罪とされた元受刑者たちに、行動様式として暴力を考えさせないようにすること。それを目的とした措置を実施することである。

イギリス、次いでそこから直接ヒントを得たアメリカ、そしてノルウェーのネオナチ対策など、いくつかの欧州諸国で試みられた脱過激化メカニズムは、他の欧州社会にとっても公権力の介入のあり方に関して直接間接のモデルとなりえるものだ。この対応措置は警察、市町村の行政機関、近隣グループ（アングロ・サクソン世界でいうコミュニティー。フランスでは、これを認めることがコミュノタリズム――小さな共同体に閉塞すること――の第一歩になってしまうと非難され、拒否される）と協力の上で考案されれば、誰にも有用なものとなりうる。

過激化予防の措置を目的とした欧州各国向けの行動指針は、欧州連合（EU）の執行機関、欧州委員会（EC）によって作成されている。フランスでは宗教人と政治家の間に断絶がある上、公権力の側にもこうした形の対応に不信感があり、脱過激化のプログラムは何も出来上がっていない。ただ、シリアへと延びるジハード主義の糸と闘う政府計画だけが作成されており、子どもの一人が過激化の危険にさらされた家族のために無料電話相談の開設が決まった。[7] パスポート没収、特に未成年者旅券の没収と、個別の社会復帰プログラム導入も計画の枠内で考察されようとしている。

結論として

情報と経済のグローバリゼーションが進む現在の脈絡の中では、世界の片隅で起きていることが、究極的には別の場所に思いもよらない影響をもたらすことが明らかになっている。シリア内戦とそこで起きるジハード主義の浸透と、その内戦に参戦して一層過激化し、武器の取り扱いを学ぶ欧州やマグレブの若者たち。それは、この若者たちが欧州に帰還した時、これまで予想もつかなかったような結果をもたらすだろう。もし何の解決策も考え出されなかったら、暴力的行動が社会に恐怖を生み、その反動として人種差別やイスラム嫌いを増大させるだろう。

ラディカリザシオン＝過激化は、絶えず形を変える。新たな脈絡が生じるたびに、それに適応し、新しい形態をとる。自らに対する国家の抑圧力を無力化しようとする。さしあたり、ジハード主義が西側諸国とイスラム世界において、新しい過激化をかたちにする好都合な互換装置となっている。だが、今後は、極右の外国人排斥や反イスラムの過激主義とか、また、たとえばアメリカの反妊娠中絶、急進的なエコロジー運動など、多様なグループによる激しい行動を伴う別のタイプのイデオロギーにも広がりえるだろう。その行動原理は、取締りと監視を任務とする治安諜報機関がどう編成や対応を変化させていくかに従って、明確になっていくだろう。

新しい型の過激化現象は、これまでと比べて一段と予測不能だが、その展開は限定されたものとなっている。西欧諸国では過激活動に関与する員数は以前より減少し、グループ組織も限られ、そのメンバー信奉者は心理的に脆弱であり、暴力を行使する能力も前より減じている。二〇〇一年九月十一日、アルカーイダが集めた過激分子一九人の殺戮行為で一挙に三〇〇〇人近くが死亡した時と比べ、違いは明らかであろう。西側全体の規模で見ると、情報機関や警察権力が「成功」をおさめつつあり、世界でも西洋、とくにフランスでは過激化した者たちの破壊の成果は従来よりもずっと限られてきている。

その一方で、彼らの動向は以前より予知し難くなった。警察は、個人や極めて小規模化したグループを突き止められなくなった。他方では、警察力が広範に動員された結果、過激分子はせいぜい数人の小グループに減少させられ、殺傷能力がかなり抑止されてきた。

過去数一〇年の間に過激化の形態は変わった。イラン革命からアフガン戦争を経て、反米のジハード主義による米同時多発テロの危機を迎えるに至ってきた。二十一世紀に入ると、欧州では国内育ちのジハード主義が頻繁に出現するようになった[8]。いま、新しい過激イスラム主義の時代に突入している。数年前には米軍の攻撃で防戦に回っていたアルカーイダが、特にイラク、シリアで、さらにはエジプトのシナイ砂漠や、チュニジア、とりわけそのアルジェリアとの国境地帯で勢力を分散して立て直しに成功している。

欧州では、数百人のフランス人が、またベルギー人、イギリス人、ドイツ人、デンマーク人など多くの国々の若者がシリアでの聖戦を戦った後、帰国してくる。それに対してどう行動すべきか。ただ抑圧し、弾圧するだけでは十分ではないだろう。

フランスでは、政教分離の原理に適合した形の脱過激化に取り組むことが急務だろう。イスラム教のイマーム、市町村責任者、警察官、「白ひげ」と呼ばれる地区責任者、心理学者らによるグループを組織するべきだ。その目的は、自らの問題に対して、唯一の解決策は暴力だと考える習慣が身についてしまい、混乱している若者たちを異なった道に導くことである。この若者たちを社会生活に統合し、できることなら、最後は刑務所か死に至る暴力の地獄の輪に入り込むことを回避させなければならない。

そうしたメカニズムはイギリスはじめ、欧州の多くの国々、アメリカですでに機能し始めている。しかし、フランスの場合、世俗国家として宗教に関して中立でなければならない点を考慮したとしても、こうした組織づくりを進める能力があまりない。力で押さえつけるために世界中の武器を集めても、このタイプの思想的暴力を終わらせるには不十分である。力の行使とともに、信仰の戦士たちの世界観を転換できるような心理的、神学的な取り組みがなければ、有効な対応とはなりえない。ライシテ（政教分離）原則の厳密な適用にこだわるならば、国家の治安要員に加え、民間団体や現実の共同体関係者も交えた柔軟な組織の中で、宗教関係者、文民当局者の協力を得ることはできない。

ジハード主義によって一部の基本的自由、とりわけ表現に関わる自由の問題が部分的にせよ改めて注視されることとなった。過激派のプロパガンダ方法を法律で取り締まるべきだとする傾向が、立法議員の間でますます強まっている。こうして、「メディアによるジハード」、あるいはイギリスで言う「暴力行為の奨励」に関する条項を、法的に「犯罪の意図」として解釈できるようになる。

この法律の改変は、テロの脅威を感じている世論の同意を得て実施されているが、一方で言葉と行為の境目をぼかすことになる。今後、言葉を駆使することが、民主主義によって保証されている言論の自由な表現というより、「言葉による行為」と見なされることになりかねない。

もしも、この表現の自由の制限が何十年も続いたら、将来の世代にはそれが当たり前のことと受け止められ、民主主義の創設者たちが当然と考えた言論の自由が限度つきのものとなってしまうだろう。

よりグローバルに見ると、ジハード主義は一〇年以上も前から、新しい形態の過激主義の中で支配的となっている。そうした過激主義は現代社会における深刻な不安を映す指標である。もちろん、それはあくまで個人の責任だとか、宗教的、思想的過激主義の責任だと言うこともできる。けれども、現代社会の不安とは、デュルケーム[*2]が社会的つながりの切断という観点に立ち、本質的に平等主義の大衆文化の中で起きる経済的疎外と結びつけて説明したものであり、われわれの社会がきわめて不完全にしか制御できない新しい害悪を生み出している結果なのである。世界化（グローバリゼーション）は、至るところで抑圧感と欲求不満を深めさせながら進展してきた。冷戦時代には、そうした思いがイデオロギーの枠内に押し込められていたのだが、もはや、そうはいかない。市民であることを、その社会へ経済的、社会的に統合されることと同義だと定義するならば、過激化とは真の市民権を欠いた世界で生きる一部の人間たちが不満をぶつけ、演じる場の一つということができよう。そして過激化の最も明白な表現、それがテロということになる。

原注

(1) 宗教科学専門誌『ICSR』インサイト「シリア戦線にいるヨーロッパ出身戦士」(二〇一三年四月二日)。http://icsr.info/2013/04/icsr-insight-european-foreign-fighters-in-syria-2/ その時点での調査では欧州出身ジハード戦士は一三五から五九〇と推計された。うちフランス人が三〇から九〇とみられた。その後、数字はうなぎ上りとなり、新たな情報では一五〇〇から二〇〇〇と推定され、フランス人は数百人規模といわれる(仏『ル・ポワン』誌電子版、二〇一三年十二月五日)。

(2) ある推計によれば、リビア人ジハード戦士は一〇〇〇人を超える。他にエジプト人数百、サウジ人約一〇〇〇人、アルジェリア人とモロッコ人が数十人規模。これらの国々はいずれも二〇一〇―一二年のアラブ革命の舞台となった。いうまでもなく中央政府が弱体化したため、シリアに向かう戦士数が増大した(イスラエル・メイアー・アミット諜報テロリズム情報センター、二〇一四年六月)。http://www.terrorism-info.org.il/en/article/20646

(3) ホセ・ガルソン、ジャンピエール・ペラン共著「アメリカがベン・ラーデンを創造したのではなかった」(仏『リベラシオン』紙、二〇〇四年九月二十七日)。

(4) 「フランスはシリアに関して歴史的な責任がある」(『ル・モンド』紙、二〇一三年七月二十七日)。

＊2 **デュルケーム** エミール・デュルケーム(一八五八―一九一七) フランスの社会学者。社会学の学問的地位の確立に貢献した。代表作は『自殺論』。個人の心理ではなく社会的要因からの自殺を四分類に分けて説明した。

(5)「サッカー場からジハード戦士へ――有望なドイツ人サッカー選手がシリアで戦死」(独『シュピーゲル』誌オンライン国際版、二〇一三年十一月十八日)。

(6)「イスラム主義者がムスリム受刑者へあてた手紙のもたらす不安」(『デンマーク・ポスト』紙、二〇一三年十月四日付)参照。http://cphpost.dk/news/concernover-islamist-letters-sent-to-muslim-inmates.7182.html

(7)「動き出すジハード主義と戦う脱過激化計画」(仏『ヌーヴェル・オプセルヴァトゥール』誌、二〇一四年四月三十日号)。

(8)フランスでは一九九五年からすでにこの種のテロに見舞われてきた。その年七―十月の間に七件のテロが続発し、死者八、負傷者約二〇〇を数えた。

訳者解説

本書は、Farhad Khosrokhavar, *Radicalisation*（ラディカリザシオン＝過激化現象）, Edition de la Maison des sciences de l'homme, Nov. 2014を日本語訳したものである。この日本語版とほとんど同時期に英語版、ドイツ語版がそれぞれ出版されている。

原書出版から一定の時間が経過していることもあり、その間に起きた関連事象にも触れつつ、著者の人となり、あるいは本書理解の一助となるよう、長めの解説あとがきを用意させていただくことにした。

著者コスロカヴァール教授の名がフランス国内にとどまらず、アメリカを始め、欧州・中東の各国メディアで広く知られるようになったのは、二〇一五年一月にパリで起きたイスラム過激派の若者による風刺新聞『シャルリ・エブド』襲撃事件がきっかけであっただろう。

この襲撃が世界を震撼させたのは、パリ市街地で起きた残忍な犯行だっただけでなく、言論の自由か信仰の尊重か、という民主主義社会の根幹にかかわる理念が問われた事件だったからだが、イスラムの始祖ムハンマドを冒瀆するかのような風刺漫画が物議をかもし、外交問題や派生的な事件にまで発展したのは、それまでもデンマークを始め西欧では起きていたことではあった。つまり、パリの襲撃事件が初めてではなかった。しかし、あの事件の反響はそれこそ世界規模に拡大した。フランス国民の反応も異例の規模となり、全国民の一割に近い四〇〇万人が街頭に繰り出して「私はシャルリ」というプラカードを掲げ、デモ行進に参加した。英、独首相を始め各国指導者までもがパリの街頭デモに加わり、民主主義理念への連帯を表明したことが記憶に新しい。

民主主義に対するイスラム過激主義の暴力が仕掛けた正面からの攻撃。自由への脅威、言論(風刺の権利)への威迫——近代の民主主義理念を打ち立てたフランス革命のパリで起きたからこそ、あれほどの反響を巻き起こしたに違いなかった。それでも、事件を言論の自由に対する「許されざる攻撃」という直線的な反応やとらえ方に、いささかの違和感を持つ人々がいなかったわけではなかった。

自由の理念擁護に異議はない。だが、専門家や思慮深いジャーナリズムに求められるのは、そこそこ平和な社会と繁栄を享受しているはずの国の内部から、イスラム過激派が生み出されている根源を明らかにすることではないのか、と。なぜ同じ国民である若者たちが過激な行動に駆り立てられているのか。フランスで多くのイスラム系青年たちが置かれた状況に何がおきているのか。そのことこそ、「知の大国」を自負したフランスで知識人に求められた役割ではなかったのか。

事件直後から教授に多くの仏メディアがコメントを求め、あるいは論稿を要請した。『ニューヨーク・タイムズ』紙や『ファイナンシャル・タイムズ』紙など米英有力紙も一斉にその寄稿や解説を掲載した。フランス社会の底流に測鉛を投げ入れ、ふだん表に出てこない深い澱みの真実を探ろうとした時、ちょうど事件が起きる一か月前、本書の原書『ラディカリザシオン』を出版したばかりの教授に白羽の矢が立ったのだった。

教授はフランス国内のイスラム系国民が置かれた現実に、社会学の立場からもっとも精通した一人である。フランスのみならず、米英やその他の民主主義諸国にもイスラム専門家は数多くいる。しかし、イスラム教徒の心を内側から読み解き、さまざまな曲折を経て定住した西欧という新しい社会文化環境、この場合はフランス社会になるのだが、彼らがそこでどのような現実に直面しているのかを公平に詳述できる専門家となれば、折る指の数は限られてこよう。

イランを母国とする教授は、イスラム社会とイラン革命によって生まれたイスラム神権国家を身をもって知っている。フランス留学中に学び研鑽を続けたハイデッガーを中心とする西欧哲学の知的蓄積は、非イスラム社会に向けて西欧社会に住むイスラム教徒の心のありようを説きほぐく専門家にふさわしい。しかも、最近、フランスの主要な刑務所でイスラム系受刑者たちの長期にわたる現状調査にあたったばかりだ。社会の底流で起きている現実を映し出す上で、これほど恰好の現場はない。だから、米主要メディアや西欧各国の報道機関が教授に着目し、一斉にスポットライトをあてたのだろう。

フランス留学当時から現象学と社会学的な認識論の深化に強い関心を寄せていたようだが、その研鑽はいま、イスラム過激派独自の「世界観」を分析する上で役立っているようにみえる。同じ世界という現実を前にしながら、なぜ一部のイスラム教徒たちだけが過激化するのか。あるいは極右からも凶行に走る単独テロリストが生まれてくるのか。教授は過激な事件として表れる現象の向こうにあるもの、彼らの世界認識を問い続け、その成果が原書タイトルともなっている「ラディカリザシオン」ということばに集約されている。もちろん、分析や研究の対象は、中世ペルシア時代からロシア革命前のテロリストたち、一九六〇—八〇年代の極左暴力集団にまで幅広く及ぶ。

母国の大学でイランの近代化とイスラム革命の分析を研究テーマとした後、アメリカで研究者ポストを用意されながら、かつて学んだフランス学界からの招聘に応じて仏社会科学高等研究所（EHESS）に腰をすえた。奇しくも、それはイスラム過激派が時代の焦点となってきた時期と一致し、関連した著作活動も数十冊に達している。とりわけ複数の刑務所でムスリム受刑者を長期間にわたり調査した成果は、国内外で学問的にも前例がなく、一躍、各国の研究者や政府機関から着目されるようになったのは当然であったかも知れない。イスラム過激主義を国際政治やイスラム学の観点から論じる専門家はあまたいるが、複雑化した現代社会の内部から勃興してきた異端の勢力を新しい社会学的視点から分析する教授は、その分野でいまや世界的な第一人者と目されつつある。

イスラム過激主義の製造工場

『シャルリ・エブド』襲撃事件の直後、『ニューヨーク・タイムズ』紙が掲載した教授の寄稿記事は、自由と平等の国フランスの刑務所で起きている現実をもとに、若いムスリム、つまりイスラム教徒が直面した「出口なし」の状況を指摘し、彼らが過激化へ向かう一つのパターンが存在することを教えた。それはイスラムに精通した社会学者がフィールドワークの現場に選んだ刑務所のいまを伝え、言論の自由か、信仰の尊重か、という理念論争とはまったく違う角度からフランスで起きたテロ事件の淵源に光をあてたものであり、アメリカの知的読者層にショックを与えたはずだ。

記事（同紙二〇一五年一月二十五日付）の要点は、当然ながら本書が詳述した内容と重なっている。

「フランス人のイスラム過激派テロリストのほとんどは、判で押したように同じ四つの段階を踏んで凶行に至っている。まず社会文化の主流から失業や差別によって排除される。次に軽犯罪に手をそめ、それを重ねるうちに刑務所へ行く。出所すると再び犯罪、刑務所と行き来を繰り返す。そのうち刑務所でイスラムに目覚め、出所すると、シリアやアフガニスタン、イエメンの紛争地へ向かう。そこでジハード戦士の訓練が待っている……」

イスラム系住民はフランス総人口の七―一〇％でしかないというのに、刑務所では七万に近い受刑者総数の半分がムスリムという事実がある。その集積度の高さを考えれば、刑務所の管理体制次第ではイスラム過激派イデオロギーの教習所となりかねないのは素人にも想像できる。国家理念として「ライシテ（非宗教性、世俗主義）」を徹底するフランスでは「他人に信仰を訊ねない」のが原則であり、まして刑務所という特殊な環境では学術的調査でも困難を極める。だからこそ、これまでイスラム過激テロ犯と刑務所の深い関係性が明らかにされてこなかったのだろう。

教授は今世紀に入ってすぐに刑務所のムスリム受刑者の実態調査を始めた。あしかけ六年間の長期調査で数多い受刑者とインタビューを重ねた。時系列でいえば、本書のフランス語版出版は『シャルリ・エブド』事件の直前だったので、世界中を震撼させた犯人たちの背景をえぐってはいない。その代わり、本書で示される通り、国内でそれまでに起きたイスラム過激テロ犯の家庭環境や足跡を細かく紹介している。

それを踏まえれば、『シャルリ・エブド』襲撃やその後のテロ事件犯人の背景もまた、それまでの若いテロ犯たちと重なることを冷静に見抜いていたともいえる。本質を射抜く視点は冒頭の特別インタビューに十分に表れていよう。

過激なイスラム戦士を生み出す上で、フランスには特殊な社会状況があるとする教授の寄稿に、『ニューヨーク・タイムズ』紙編集者は「イスラム過激主義を生み出すフランス工場」という見出しを立てた。工場とはいうまでもなく、国内刑務所のことだ。テロリストたちは地中海のむこうから、あるいは戦乱のアフガニスタン山中からやってきていたわけではない。平和と繁栄を享受しているはずの自分たちの足元から、人知れず若者が牙をむき、社会に挑んできていることが明らかになった。

コスロカヴァール教授が指摘したもう一つが、パリを中心としたフランスの大都市「郊外」の今日的な現実である。近代的なベッドタウンとして都市人口を吸収してきたバンリュー（郊外地域）は、もともと労働者階層が多く住み、長い間、共産党の金城湯池とされた。パリを丸く囲むような共産党の強い地域を「赤いバンド」と呼ぶ時代さえあった。共産主義イデオロギーが消滅すると、一部が移民家族の多い低所得者層のゲットーへと一変した。

そこで育つ若者の多くが、マグレブ（北アフリカ）の旧仏植民地から移民としてやってきたイスラム系家族を出自としている。移民第二、第三世代の若者が普通のフランス人ともみられず、また親たちの出身国である、たとえばアルジェリアやチュニジア、モロッコなどイスラム諸国へ行ってみれば、「変なフランス人」扱いされ、自己確信を持てないまま、フランス社会からはじかれていく。そんな彼らの現状が本書で詳述されている。

訳者池村は新聞社のパリ特派員で駐在したころ、中部の中心都市リヨン郊外で育ち、その後ロンドンへ渡って英語を学び、そこで広告企業を起業した若いイスラム系フランス人を知った。その人物が「あのままバンリューにいたならば、自分に未来はなかった。いまごろ仲間と機動隊に向けて腹いせの投石をしていた乱暴者の一人でいたに違いない」と語っていたのを覚えている。

教授は若者を囲むバンリューの現実と刑務所が結びついたとき、イスラム系の若者をジハード主義者へといざなう「レクセプション・フランセーズ」（フランス特有の事象）の歯車が回転していくと断じている。

米有力紙が教授の寄稿をもとに「イスラム過激主義を生み出すフランス工場」と名付けた「生産システム」は、その後も確実に稼働した。一五年十一月にはパリ中枢の劇場やカフェを連続して襲う同時多発テロが起き、死者一三〇、負傷者三〇〇以上を数えた。翌一六年三月、フランス語圏のベルギー首都ブリュッセルで地下鉄と空港が同時に襲われるテロが発生して死傷者は二〇〇人以上にのぼった。これらの大掛かりな都市テロの犯人たちは、教授が本書で指摘したフランス社会底流の現実とつながっていた。直後の七月には南仏ニースでトラックを使った銃乱射テロによって、死者八七、負傷者四〇〇以上という惨劇も起きている。

私は『シャルリ・エブド』襲撃事件の直後にパリで教授と会い、初めてインタビューした。その時、「また大きなテロ事件がパリかフランスのどこかで起きるだろう」と予言めくことばを漏らしたのが印象に残っている。風刺新聞襲撃をめぐる風刺の自由か信仰の尊重か、といった理念論争に足元をすくわれることなく、イスラム系フランス人の若い世代を取り巻く社会経済状況が変わらない限り、次のテロリストが生まれて来るのは時間の問題とわかっていたからだろう。実際、不吉な予告通り、大規模なテロが次々と起きてしまった。

本書でも、イスラム過激主義にいざなわれた若者たちに対処するため、イスラム専門家、説教師イマーム、行政・治安当局者の密接な協力関係を前提とした社会的な「解毒装置」の発足を強く要請している。残念ながら、政治と行政の取組みは緩慢で、大掛かりなテロ事件発生を防ぎえなかった。

ライシテ原理主義

刑務所と都市郊外を結ぶフランス特有の問題点はその後、さまざまなメディアや専門家たちの口から繰り返され、いまでは日本でさえ当たり前の事象のように語られている。だが、そこに内包されたさまざまな論点というべきものは、一筋縄でいくものではない。フランス革命を経て、カトリック教会という巨大な宗教権力を排除しながら共和主義の民主主義国家にやっとたどり着いたフランス近現代史の葛藤がそこに集約されているからだ。

当然なことだが、刑務所管理が機能すれば、問題が一気に解決するほど簡単なわけではない。批判の高まりに応じて、国内で最大規模のフルーリ・メロジス刑務所が外国人特派員らに所内の公開に踏み切ったことがあった。収容能力を超えた受刑者がいる現状、イスラム過激思想に染まった受刑者をどう見分け、指導していくのか。刑務所長は「イスラム過激派の温床だと刑務施設を非難すればすむ話ではない」と怒りの反論を述べ立てた（英紙『ガーディアン』一六年三月十七日付）。

そして焦点となるのがライシテの原理である。もともとそれは共和主義をささえる国家理念であり、フランスに欠かせない精神的な歴史資産といえるものだ。日常生活レベルでいえば、公立学校で生徒は宗教のシンボル、つまり信仰を表すものを身につけてはならない慣習が成り立っていた。ところが、比較的新しい国民集団といえるイスラム系家族の少女が頭髪を覆うスカーフをつけて登校したことから、政界とメディアを巻き込むスカーフ論争に発展した。国中で議論が沸騰する中で、ついに着用禁止の法律ができた。二〇〇四年のことだ。法律の対象がイスラム系子弟を対象としたのは明らかだった。宗教シンボル排斥の風潮は時間とともに強まっていった。

教授はインタビューした際、そうした行き過ぎたライシテ原理の蔓延が、宗教という個人のプライベートな領域に入り込み、「ライシテ原理主義といってよい排除のイデオロギーに転化する。それはかんたんに差別へとつながるものだ」と述べている。

フランスが革命から一〇〇年かけて、宗教権力との血みどろの力くらべを制してライシテの政教分離を法制化したのは一九〇五年のこと。それは人に神を信じるか信じないかを問うのではなく、無信仰の文化とカトリックの集団とが国全体で一つの妥協に達して、宗教を個人の世界へと返し、そこから互いを尊重し合う寛容の社会へと向かう宣言でもあった。それが外国から逃れてきたさまざまな背景を持つ人々を受け入れ、社会の一員へと「同化」していく「良きフランス」の原理原則の役目をはたしてきたのだった。

ライシテは宗教・文化の違う人間集団が同じ社会で共存しあう米英型のコミュニタリアニズム（共同体主義）を拒否するフランス社会の特徴を成してきた。だが、いま都市郊外バンリューで起きているのはそんな過去の牧歌的な理想像と逆行したものでしかない。経済苦境に真っ先にさらされるイスラム系若者たち、同化主義の建前にほど遠い差別の現実、バンリューを覆うアノミー（無秩序）な家庭や居住環境……コスロカヴァール教授は本書でも、都市郊外のアノミーな社会状況が生み出すフランスの負の連鎖や、ライシテ原理主義の行き過ぎを繰り返し警告している。外から来た人々を内側へと迎え入れ、中産階層へと力強く踏み出させてくれた寛容なフランス社会はいったいどこにいったのか、あるいは消え去ったのか。

フランスのように宗教戦争と危機をいくつもくぐって宗教の絶対権力を否定し、一方で王の世襲権力をギロチン台で葬るような濃密な歴史を有した国が、自由で平等な国家を樹立するには、ライシテのような人工装置をどうしても必要とした。しかし、それが行き過ぎたとき、新参の宗教文化を抱えた集団への排除と差別のロジックへと一変しかねない。

歴史人口学者エマニュエル・トッド氏も批判者の一人で、「過激なライシテ、つまりライシテ原理主義がむしろ、信仰の自由を脅かし、カトリック、ユダヤ、プロテスタント、イスラムの人々の平等を破壊しようとしている」(トッド著『シャルリとは誰か?』文春新書)と述べている。これはコスロカヴァール教授の警鐘と重なっていよう。

同じ民主主義の共和国として近代史に登場したフランスとアメリカには、理念価値の優先順位ではっきりとした違いがある。歴史と宗教の濃いフランスでは「平等第一」であり、出発点から人々が平等であったアメリカは「自由ファースト」だ。ところが、トッド氏によれば、イスラム過激主義テロに見舞われる現代フランスでは、本来、もっとも大事な理念である平等を守るはずだったライシテという装置が原理主義と化して、差別と排除を助長し、人々の平等を破壊する側に回ろうとしている。フランスはシャルリの風刺(自由)以上に、人々の信仰と無信仰を等しく尊重(平等)し、そこに妥協と寛容の手を広げてきた国であったはずだ、と。

地中海をはさむ欧州と中東アフリカの状況は日に日に変化している。イラク戦争から「イスラム国」（ＩＳ）の出現、リビアの崩壊、シリア内戦と戦火の絶える日がない。イエメン内戦やアフガニスタン紛争も加わる。それらの地域から民族移動にたとえられる大量難民が欧州へと押し寄せている。ＩＳ戦士を自称する者が難民に混じり、欧州の国々へ潜伏しつつあるのも確実であろう。不穏な国際情勢が生み出すイスラム過激派がフランスを始め、西欧各国のどこかの社会に居つき、静かに行動の機会をうかがっているはずだ。内と外からの脅威にさらされた欧州の危機は、国際情勢に加えてアメリカや中東、アジアで起きる過激派テロとも深く結びつくが、なぜフランスでその危機が先鋭的に噴き出してくるのか、本書を通じて現場の実態から理解できるように思える。

＊　＊

筆者がコスロカヴァール教授と長時間の対話をする中で心を打たれたのは、フランスと欧州がこれほど相次ぐテロ事件に見舞われているにもかかわらず、欧州の開かれた社会システムへ抱く深い信頼であった。血腥い欧州のテロ事件は今後十年あるいは二十年、起き続けると予告する教授は、冒頭のインタビューで述べるように、「二つの大戦が生んだ膨大な死者を考えれば、いま起きていることは世界の終わりではない。むしろテロへの反動から開かれた社会を閉ざすことが致命的な過ちになる」といい、耐え忍ぶ不屈の精神を呼びかける。

ちなみに、パリで会う教授が選ぶ対話の場所は、社会科学高等研究院ロビーにあるコーヒー自動販売機前の、どこにでもあるプラスチック製の椅子に座りこむか、研究院本棟に近い公園のベンチであったりした。そこで時間の許す限り、談話に応じてくれた。そんな場であれ、テロの惨劇を前にしながら忍耐を説く教授に、知識人のあるべき一つの姿を見た。

フランスの移民政策の破綻と、二十一世紀の先進国で起きているライシテ原理主義がもたらす排除と差別、そして政治の機能不全が促進する経済不振のしわ寄せを受ける若者世代。そのいくつかは、どの先進国にも無関係ではない。日本も例外ではありえない。グローバリゼーションの進行とともに、人口減少時代のわが国は近いうちに移民政策を本格的に議論する日が来るだろう。だから、いまフランスや西欧で起きていることを他人事の議論と片付けてはならない。

一九六〇年代、フランスで初めて北アフリカの旧仏植民地から労働移民が到着した自動車工場では花火を打ち上げて歓迎した。その第二、三世代の末裔たちがどのような状況に直面するか、あの時に予見した人はおそらくいなかったはずだ。現代フランスのいまが、われわれの何十年か後の姿とならないために、そこから多くの教訓を汲まねばならない。

翻訳は第一章と五、六、七、終章を池村が担当し、残る第二、三、四章を山田が受け持った。全体の調子を統一するため、池村が全章を見直した。歴史的名称や個人名は新聞報道の表記に準じ、イスラム教関連の語句についても聖典「コーラン」「アッラー」を始め、現時点で一般的に流布している表記を採用した。

また、日本版タイトルは編集部と協議の上で決定した。日本における用語の慣用度を考慮し、原書名を「過激化」にルビをふる形でいかすことにした。構成は、冒頭の日本語版向け特別インタビューを除き、原書をそのまま踏襲した。ただし、読みやすさを第一に章立てを工夫し、章番号をふって分ける、小見出しの追加や改行など、翻訳者の判断で行っている。二箇所に表があったが、本書の読解に必ずしも必要でないと思われたので訳出しなかった。合わせてご了承いただきたい。

出版を決断していただいた藤原書店の藤原良雄社長、編集を担当された同書店編集部の山﨑優子さんに感謝いたします。

二〇一六年十月

池村俊郎

Sageman Marc, 2004. *Understanding Terror Networks*. Philadelphie, University of Pennsylvania Press.

Sageman Marc, 2008. *Leaderless Jihad: Terror Networks in the Twenty-First Century*. Philadelphie, University of Pennsylvania Press.

Savoie Pierre, 2011. *RG : la traque d'Action directe*. Paris, Nouveau Monde éditions.

Silber Mitchel D. & Arvin Bhatt, 2007. « Radicalization in the West: The homegrown threat », rapport, New York, New York City Police Department, Intelligence Division.

Steiner Anne & Loïc Debray, 2006. *RAF. Guérilla urbaine en Europe occidentale*. Éditions l' Échappée, coll. « Dans le feu de l' action ».

Thomson, David, 2014. *Les Francais jihadistes*. Paris, Les Arènes.

Vareilles Thierry, 2005. *Histoire d'attentats politiques, de l'an 44 av. Jésus-Christ à nos jours*. Paris, l' Harmattan.

Wieviorka Michel, 1988. *Sociétés et terrorisme*. Paris, Fayard.

Wilner Alex S. & Claire-Jehanne Dubouloz, 2010. « Homegrown terrorism and transformative learning: an interdisciplinary approach to understanding radicalization », *Global Change, Peace & Security*, 22 (1) : 33-51.

Zarate Juan C., 2013. *Treasury's War. New York*, PublicAffairs.

Science, Aarhus University.

—, 2013. « Radicalization in prison: The French case », *Politics, Religion & Ideology*, 14 (2) : 284-306 [en ligne] URL : http://dx.doi.org/10.1080/21567689.2013.792654, consulté le 2 mai 2014.

Lapeyronnie Didier, 2008. *Le ghetto urbain : ségrégation, violence, pauvreté en France aujourd'hui*. Paris, Robert Laffont, coll. « Le monde comme il va ».

Laske Karl, 2012. *La mémoire du plomb*. Paris, Stock.

Leiken Robert S. et Steven Brooke, 2006. « The quantitative analysis of terrorism and immigration: An initial exploration », *Terrorism and Political Violence*, 18 : 503-521.

McCauley Clark & Sophia Moskalenko, 2008.« Mechanisms of political radicalization: Pathways towards terrorism », *Terrorism and Political Violence*, 20 (3) : 415-433.

—, 2011. *Friction: How Radicalization Happens to Them and Us*. Oxford, Oxford University Press.

Merah Abdelghani avec Mohamed Sifaoui, 2012. *Mon frère ce terroriste*. Paris, Calmann-Lévy.

O'Neill Sean & Daniel McGrory, 2006. *The Suicide Factory, Abu Hamza and the Finsbury Park Mosque*, Londres, Harper Perennial.

Pape Robert, 2006. *Dying to Win: The Strategic Logic of Suicide Terrorism*. New York, Random House.

Patricot Aymeric, 2013. *Les Petits Blancs : un voyage dans la France d'en bas*. Paris, Plein Jour.

Pavey Eleanor, 2006. « Les kamikazes sri lankais », *Cultures & Conflits*, 63, automne : 135-154.

Pedahzur Ami, 2004. « Toward an analytical model of suicide terrorism – A comment », *Terrorism and Political Violence*, 16 (4) : 814-844.

Rivoire Jean-Baptiste, 2011. *Le Crime de Tibhirine, révélations sur les responsables*. Paris, La Découverte, coll. « Cahiers libres ».

Rougier Bernard, 2004. *Le jihad au quotidien*. Paris, PUF, coll. « Proche Orient ».

Cook David (dir.), 2010. *Jihad and Martyrdom*. Londres, Routledge.

Coolsaet Rik, 2005. « Radicalisation and Europe's counter-terrorism strategy », La Haye, Royal Institute for International Relations (Brussels) & Ghent University, The Transatlantic Dialogue on Terrorism CSIS/ Clingendael The Hague.

Crenshaw Martha, 2005. « Political explanations », in *Addressing the causes of Terrorism*, Madrid, Club de Madrid, coll. « Club de Madrid Series on Democracy and Terrorism », vol. 1 : 13-19.

Dartnell Michael, 1995. *Action directe: Ultra-Left Terrorism in France, 1979-1987*. Londres, Cass.

Devereux Georges, 1970. *Essais d'ethnopsychiatrie générale*, Paris, Gallimard, collection Tel.

Dubet François, 2008 [1987]. *La galère, jeunes en survie*. Paris, Seuil, coll. « Points ».

Filiu Jean-Pierre, 2006. *Les frontières du Jihad*. Paris, Fayard.

Gambetta Diego (dir.), 2005. *Making Sense of Suicide Missions*. Oxford, Oxford University Press.

Harmony Project, 2008. « Bombers, Bank Accounts, and Bleed Out: al-Qa'ida's Routes in and out of Iraq », rapport, New York, Combating Terrorism Center at West Point.

Juergensmeyer Mark, 2003. *Terror in the Mind of God: The Global Rise of Religious Violence*. Berkeley, University of California Press.

Kepel Gilles, 2003. *Jihad. Expansion et déclin de l'islamisme*. Paris, Gallimard, coll. « Folio actuel ».

Khosrokhavar Farhad, 1997. *L'islam des jeunes*. Paris, Flammarion, coll. « Essais ».

—, 2009. *Inside Jihadism: Understanding Jihadi Movements Worldwide*. Boulder et Londres, Paradigm Publishers, coll. « Yale Cultural Sociology Series »

—, 2004. *L'islam dans les prisons*. Paris, Balland, coll. « Voix et regards ».

—, 2011. *Jihadist Ideology: The Anthropological Perspective*. Aarhus (Danemark), Centre for Studies in Islamism and Radicalisation, Department of Political

参考文献

As-Salafi, Abu Ameenah AbdurRahman & AbdulHaq al-Ashanti, 2011. *Abdullah El-Faisal al-Jamaiki: A Critical Study of His Statements, Errors and Extremism in Takfeer*. Luton, Jamiah Media.

Adraoui Mohamed-Ali, 2013. *Du Golfe aux banlieues : le salafisme mondialisé*. Paris, PUF, coll. « Proche Orient ».

André-Dessornes Carole, 2013. *Les femmes-martyres dans le monde arabe : Liban, Palestine et Irak*. Paris, L' Harmattan.

Baker, Abdul Haqq, 2011. *Extremists in Our Midst : Confronting Terror*. Basingstoke, Palgrave Macmillan, coll. « New security challenges series ».

Bakker Edwin, Christophe Paulussen & Eva Entenmann, 2013. « Dealing with European foreign fighters in Syria: Governance challenges and legal implications », *ICCT Research Paper*, 16 décembre.

Bergen Peter, 2006. *Ben Laden l'insaisissable*. Traduit par Joseph Antoine et Pascal Loubet, Neuilly-sur-Seine, Michel Lafon.

Borum Randy, 2001. « Radicalization into violent extremism. I. A review of social science theories », *Journal of Strategic Security*, 4 (4) : 7-36.

Bouzar, Dounia, 2014. *Désamorcer l'islam radical : ces dérives sectaires qui défigurent l'islam*. Ivry-sur-Seine, Éditions de l' Atelier.

Bronner Gérald, 2009. *La pensée extrême : comment des hommes ordinaires deviennent des fanatiques*. Paris, Denoël.

Cannac René, 1961. *Aux sources de la révolution russe : Netchaïev. Du nihilisme au terrorisme*. Préface d' André Mazon, Paris, Payot, coll. « Bibliothèque historique ».

Commission européenne, 2014. *Preventing Radicalisation to Terrorism and Violent Extremism: Strengthening the EU's Response*, Bruxelles, Commission européenne, COM (2013) 941 final.

年	月日	事件
2016	3.19	トルコ・イスタンブール繁華街で自爆テロ事件（IS関連）
	3.22	ベルギー・ブリュッセル連続テロ事件（IS 関連）
	6.12	米フロリダ銃乱射テロ事件（IS 関連）
	6.28	トルコ・イスタンブール空港で銃乱射・自爆テロ事件（IS 関連）
	7.1	バングラデシュ・ダッカでレストラン襲撃・人質テロ事件、日本人７名を含む犠牲者（IS 関連）
	7.14	仏ニースでトラックテロ事件（IS 関連）
	7.18	独バイエルン州で列車内テロ事件（IS 関連）
	7.22	独ミュンヘンで銃乱射事件、容疑者自殺
	7.24	独バイエルン州音楽祭会場付近自爆テロ事件（IS 関連）
	7.26	仏サンテティエンヌ・デュルブレ教会人質殺害事件（IS 関連）
	8.6	ベルギー・シャルルロワで警察官襲撃事件（IS 関連）

＊日本人が被害者となったり、米欧や中東、アジア、観光地で起きた、主だったテロ事件のみをまとめた。（作成＝池村俊郎）

年	月日	事　　　件
2008	8.26	アフガニスタンで日本人の復興支援者、伊藤和也氏が殺害
	11.26	インド・ムンバイでイスラム過激派による同時多発テロ、日本人商社員を含む犠牲者
2009	11.15	イエメンで日本人技術者誘拐、解放
2010	4.1	アフガニスタンでジャーナリスト常岡浩介氏が誘拐、解放
2011	7.22	ノルウェーでキリスト教極右の青年による銃乱射と爆弾の連続テロ事件
2012	3.11~22	フランス・トゥールーズ他で射殺事件（ミディ=ピレネー連続銃撃事件）
2013	1.16	アルジェリア人質事件、日揮社員10名を含む犠牲者
	4.15	米ボストン・マラソン爆弾テロ事件
2014	10.22	カナダ議会襲撃テロ事件（IS関連）
	10.23	米ニューヨーク警察官襲撃テロ事件（IS関連）
	12.15	豪シドニー人質立てこもりテロ事件（IS関連）
2015	1.7	フランスで風刺新聞『シャルリ・エブド』襲撃事件
	2.1	シリアでジャーナリスト後藤健二氏の殺害公表（IS関連）
	3.18	チュニジア・チュニスで博物館襲撃テロ事件（IS関連）
	6.26	チュニジア・スースのリゾートホテル襲撃テロ事件（IS関連）
	8.21	アムステルダム発パリ行き高速鉄道「タリス」列車内（ベルギー国内）でテロ未遂事件（IS関連）
	10.31	エジプトでロシア旅客機爆破事件（IS関連）
	11.13	フランス・パリで同時多発テロ（IS関連）
	12.2	米カリフォルニアのサンバーナーディーノ銃乱射事件（IS関連）
2016	1.12	トルコ・イスタンブール旧市街地で爆弾テロ事件（IS関連）
	1.14	インドネシア・ジャカルタで爆弾テロ事件（IS関連）

世界で起きた主なテロ事件（1995-2016）

年	月日	事件
1995	3.20	日本で地下鉄サリン事件
	7.25	パリのサン・ミシェル駅でイスラム原理主義組織による爆弾テロ
1997	11.17	エジプトのルクソールでイスラム原理主義組織による観光客を狙ったテロ事件、日本人10名も死亡
1998	7.20	タジキスタンで国連タジキスタン監視団（UNMOT）政務官、秋野豊氏が射殺
1999	8.23	キルギス日本人誘拐事件、人質は解放
2001	9.11	アメリカ・ニューヨークで同時多発テロ。世界貿易センタービル、国防総省本庁舎が被害に遭う
2002	10.12	インドネシア・バリ島・クタでイスラム過激派による爆弾テロ
2003	11.29	イラクで日本外務省職員2名が銃撃で殺害
2004	3.11	スペイン・マドリードで列車爆破テロ
	4.7	イラク日本人人質事件、人質3名は解放
	5.27	イラクでフリージャーナリスト橋田信介氏が甥とともに殺害
	10.31	「イラクの聖戦アルカーイダ組織」を名乗るグループにより、香田証生氏が殺害
2005	5.8	イラクで元自衛官の齋藤昭彦氏（民間警備会社社員）が殺害
	7.7	英ロンドンで、地下鉄・バスを標的とした同時テロ
	10.1	バリ島爆弾テロ
2006	7.11	インド・ムンバイで鉄道爆破テロ
2007	10.7	イランで横浜国大生が誘拐、解放
2008	5.7	イエメンで日本人女性2名が誘拐、解放

著者紹介

ファラッド・コスロカヴァール
(Farhad Khosrokhavar)

仏社会科学高等研究所（EHESS）教授。1948年イラン・テヘラン生まれ、フランス・イラン両国籍の社会学者。著書20冊以上を持ち、そのうち3冊が英、独、伊、西、希など7言語に翻訳出版される。イラン革命や西欧イスラム系住民のフィールド調査で知られる。1970年代にフランス留学。ハイデッガー哲学で博士号。仏社会学者アラン・トゥレーヌの指導でイスラム革命前のイラン近代化研究により博士号(社会学)。イラン国内の大学で教壇に立つが、イラン革命後、再度フランスへ。1991年からEHESSで博士課程指導にあたる。イェール、コロンビアほか米著名大学でも講じる。2008年イェール大学客員教授。2003年から仏刑務所で長期間の受刑者調査を実施。いまイスラム過激派の社会学的分析の第一人者と評価される。仏米英、アラブ諸国の有力TV、ラジオ・メディアにしばしば登場。英語、アラビア語を含めて6か国語を話す。

著書に *L'islam des jeunes*（若年層のイスラム）, Flammarion, 1998. *Anthropologie de la révolution iranienne*（イラン革命の人類学――見果てぬ夢）, Éditions L'Harmattan, 2000. *L'Islam dans les prisons*（刑務所におけるイスラム）, Jacob Duvernet, 2004. *Quand Al-Qaïda parle*（証言するアルカーイダ）, Points, 2007. *Radicalisation*, Éditions de la Maison des sciences de l'homme, 2014（本書）他。邦訳書に『なぜ自爆攻撃なのか――イスラムの新しい殉教者たち』（青灯社）がある。

訳者紹介

池村俊郎（いけむら・としろう）

帝京大学教授。1951年生まれ。東京大学仏文学科卒後、読売新聞入社。ベイルート、パリ各特派員。95-98年ワシントン特派員支局次席、99-2004年パリ支局長を歴任。第一次湾岸戦争をはじめ、アフガニスタン、パレスチナなど中東紛争地域で数多くの取材ルポを書く。著書に『戦争とパリ——ある二人の日本人の青春 1935-45年』（彩流社、2003）他。訳書にクワコウ『国連の限界／国連の未来』（共訳、藤原書店）他。日本仏学史学会副会長。

山田 寛（やまだ・ひろし）

国際問題ジャーナリスト。1941年生まれ。東京大学仏文学科卒後、読売新聞入社。サイゴン、バンコク、パリ各特派員の後、89-92年アメリカ総局長。ベトナム、カンボジア、アフガニスタン、イラン、イラク、アフリカなどで戦争、難民、飢餓問題を取材。その後、嘉悦大学教授。現在、法務省難民審査参与員。著書に『カンボジア現代史25年』（日中出版）、『ポル・ポト〈革命〉史』（講談社）、『黄海道の涙』（中央公論新社）他。

世界(せかい)はなぜ過激化(ラディカリザシオン)するのか？ ——歴史(れきし)・現在(げんざい)・未来(みらい)

2016年 12月10日　初版第1刷発行©

訳　者　池村俊郎
　　　　山田　寛
発行者　藤原良雄
発行所　株式会社 藤原書店

〒162-0041　東京都新宿区早稲田鶴巻町523
電　話　03（5272）0301
FAX　03（5272）0450
振　替　00160 - 4 - 17013
info@fujiwara-shoten.co.jp

印刷・製本　中央精版印刷

落丁本・乱丁本はお取替えいたします
定価はカバーに表示してあります

Printed in Japan
ISBN978-4-86578-101-4

移民問題を読み解く鍵を提示

移民の運命
(同化か隔離か)

E・トッド
石崎晴己・東松秀雄訳

家族構造からみた人類学的分析で、国ごとに異なる移民に対する根深い感情の深層を抉る。フランスの普遍主義的平等主義とアングロサクソンやドイツの差異主義を比較、「開かれた同化主義」を提唱し「多文化主義」の陥穽を暴く。

A5上製　六一六頁　五八〇〇円
(一九九九年一一月刊)
◇978-4-89434-154-8

LE DESTIN DES IMMIGRÉS
Emmanuel TODD

エマニュエル・トッド入門

世界像革命
(家族人類学の挑戦)

E・トッド
石崎晴己編

『新ヨーロッパ大全』のトッドが示す、「家族構造からみえる全く新しい世界のイメージ」。マルクス主義以降の最も巨視的な「世界像革命」を成し遂げたトッドの魅力のエッセンスを集成し、最新論文も収録。**[対談] 速水融**

A5並製　二二四頁　**二八〇〇円**
(二〇〇一年九月刊)
◇978-4-89434-247-7

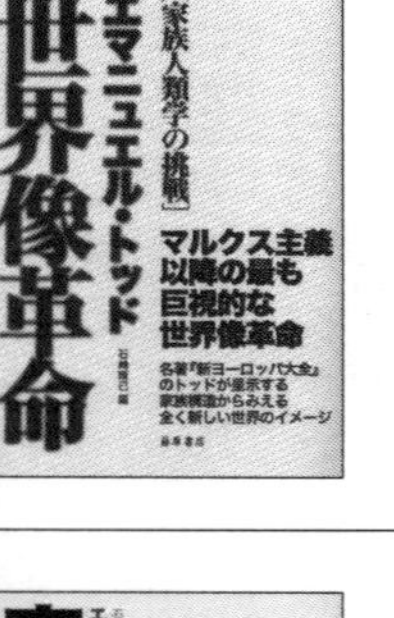

全世界の大ベストセラー

帝国以後
(アメリカ・システムの崩壊)

E・トッド
石崎晴己訳

アメリカがもはや「帝国」でないことを独自の手法で実証し、イラク攻撃後の世界秩序を展望する超話題作。世界がアメリカなしでやっていけるようになり、アメリカが世界なしではやっていけなくなった「今」を活写。

四六上製　三〇四頁　**二五〇〇円**
(二〇〇三年四月刊)
◇978-4-89434-332-0

APRÈS L'EMPIRE
Emmanuel TODD

「核武装」か?「米の保護領」か?

「帝国以後」と日本の選択

E・トッド
池澤夏樹／伊勢﨑賢治／榊原英資／佐伯啓思／西部邁／養老孟司 ほか

世界の守護者どころか破壊者となった米国からの自立を強く促す『帝国以後』。「反米」とは似て非なる、このアメリカ論を日本はいかに受け止めるか? 北朝鮮問題、核問題が騒がれる今日、これらの根源たる日本の対米従属の問題に真正面から向き合う!

四六上製　三四四頁　**二八〇〇円**
(二〇〇六年一二月刊)
◇978-4-89434-552-2

アラブ革命も予言していたトッド

アラブ革命はなぜ起きたか
（デモグラフィーとデモクラシー）

E・トッド
石崎晴己訳＝解説

米国衰退を予言したトッドは欧米の通念に抗し、識字率・出生率・内婚率などの人口動態から、アラブ革命の根底にあった近代化・民主化の動きを捉えていた。**［特別附録］家族型の分布図**

四六上製　一九二頁　**二〇〇〇円**
（二〇一一年九月刊）
◇978-4-89434-820-2

ALLAH N'Y EST POUR RIEN!　Emmanuel TODD

自由貿易はデフレを招く

自由貿易という幻想
（リストとケインズから「保護貿易」を再考する）

E・トッド

自由貿易による世界規模の需要縮小こそ、世界経済危機＝デフレ不況の真の原因だ。「自由貿易」と「保護貿易」についての誤った通念を改めることこそ、経済危機からの脱却の第一歩である。

F・リスト／D・トッド／J－L・グレオ／J・サピール／松川周二／中野剛志／西部邁／関曠野／太田昌国／関良基／山下惣一

四六上製　二七二頁　**二八〇〇円**
（二〇一一年一一月刊）
◇978-4-89434-828-8

預言者トッドの出世作！

最後の転落
（ソ連崩壊のシナリオ）

E・トッド
石崎晴己監訳
石崎晴己・中野茂訳

一九七六年弱冠二五歳にしてソ連の崩壊を、乳児死亡率の異常な増加に着目し、歴史人口学の手法を駆使して預言した書。本書は、ソ連崩壊一年前に新しく序文を附し、刊行された新版の完訳である。“なぜ、ソ連は崩壊したのか”という分析シナリオが明確に示されている名著の日本語訳決定版！

四六上製　四九六頁　**三二〇〇円**
（二〇一三年一月刊）
◇978-4-89434-894-3

LA CHUTE FINALE　Emmanuel TODD

グローバルに収斂するのではなく多様な分岐へ

不均衡という病
（フランスの変容1980-2010）

E・トッド
H・ル・ブラーズ
石崎晴己訳

アメリカの金融破綻を預言した名著『帝国以後』を著したトッドが、最新の技術で作成されたカラー地図による分析で、未来の世界のありようを予見する！　フランスで大ベストセラーの最新作。

四六上製　四四〇頁　**カラー地図一二七点**　**三六〇〇円**
（二〇一四年三月刊）
◇978-4-89434-962-9

LE MYSTÈRE FRANÇAIS　Hervé LE BRAS et Emmanuel TODD

四〇年にわたる「政治的発言」の主要テクストを網羅

介入 I・II

（社会科学と政治行動 1961–2001）

P・ブルデュー

F・プポー＋Th・ディセポロ編

櫻本陽一訳＝解説

社会に介入＝発言し続ける「知識人」ブルデューの真価とは何か。全生涯の社会的発言を集成し、旧来型の「社会運動」への挺身でも「国家」の単純な再評価でもなく、両者を乗り越えてグローバリズムと対峙したブルデュー思想の現代的意味を炙り出す決定版論集。

A５並製　I四〇八頁　II三三六頁

各三六〇〇円（二〇一五年三月刊）

I◇978-4-86578-016-1

II◇978-4-86578-017-8

INTERVENTIONS 1961-2001 Pierre BOURDIEU

人類学・政治経済学批判

資本主義のハビトゥス

（アルジェリアの矛盾）

P・ブルデュー

原山哲訳

「ディスタンクシオン」概念を生んだブルデューの記念碑的出発点。資本主義の植民活動が被植民地に引き起こす「現実」を独自の概念で活写。具体的歴史状況に盲目な構造主義、自民族中心主義的な民族学をこえる、ブルデューによる人類学・政治経済学批判。

四六上製　一九二頁　二八〇〇円

（一九九三年六月刊）

◇978-4-938661-74-8

ALGÉRIE 60 Pierre BOURDIEU

偉大な知識人の生と仕事を俯瞰

ピエール・ブルデュー

（1930–2002）

加藤晴久編

ブルデューが自身の人生、同時代の思想家との関係を赤裸々に語る日本語版オリジナルのロングインタビュー二本と、最近の重要論文、世界の知識人によるブルデュー論、年譜、著作解題、**デリダ、サイード**らの弔辞などで構成。

A５並製　三一二頁　三二〇〇円

（一九九六年九月／二〇〇二年六月刊）

◇978-4-89434-282-8

日本のメディアが報じない世界

『ル・モンド』から世界を読む

（2001–2016）

加藤晴久

世界の知識人に読まれ影響力をもつフランスの高級日刊紙『ル・モンド』を半世紀以上愛読してきた著者が、二〇〇一年から二〇一六年までの、日本ではほとんど報道されない記事を簡潔に紹介。9・11後の世界の趨勢を一気に読み通す！

四六並製　三九二頁　三二〇〇円

（二〇一六年八月刊）

◇978-4-86578-085-7